10대를 위한
공부머리
문해력

10대를 위한
공부머리 문해력

초판 1쇄 발행 2024년 7월 25일
초판 3쇄 발행 2024년 10월 25일

지은이 송숙희
펴낸이 안병현 김상훈
본부장 이승은 **총괄** 박동옥 **편집장** 임세미
책임편집 김혜영 **디자인** 박지은 **마케팅** 신대섭 배태욱 김수연 김하은 **제작** 조화연

펴낸곳 주식회사 교보문고
등록 제406-2008-000090호(2008년 12월 5일)
주소 경기도 파주시 문발로 249
전화 대표전화 1544-1900 **주문** 02)3156-3665 **팩스** 0502)987-5725

ISBN 979-11-7061-160-8 (43370)
책값은 표지에 있습니다.

공부가 쉬워지는 읽기, 쓰기, 생각하기의 비밀

10대를 위한

공부머리
문해력

송숙희 지음

교보문고

이 책을

코로나 19 대유행 기간에

문해력 닦을 시간을 도둑맞고

기초학력 부진이라는 불명예를 안은

AI시대의 주인, 10대들에게 드립니다.

학교 성적에서
수능까지 통하는 문해력

"국어 성적은 강남 집 팔아도 안 올라요."

–아무리 돈을 들이고 노력해도 국어 성적 올리기
쉽지 않은 상황에 대한 〈중앙일보〉 기사 제목

13살 대프니는 미국 뉴욕에 삽니다. 2023년 봄에 대프니는 '투자의 신'이라 불리는 워런 버핏 회장의 세계적 투자회사 버크셔 해서웨이 주주총회에 참석해요. 그 나이에 벌써 6년째 참석이에요. 주주총회에서는 워런 버핏 회장이 4만 명에 가까운 주주들과 질문하고 답하는 시간을 가졌는데, 대프니도 질문합니다.

"미국 국가부채가 31조 달러로 국내총생산(GDP)의 125%에 달합니다. 연방준비제도(미국의 중앙은행)는 인플레이션과 싸운다고 하면서도 몇조 달러를 찍어내고요. 중국·사우디아라비아·브라질 등은 달러에서 손을 뗍니다.

미래에 달러가 더는 기축통화(국제간 금융 거래의 기본이 되는 화폐)가 아니게 될 상황을 버크셔 해서웨이는 어떻게 대비하고 있습니까?"

대프니가 질문하자 박수가 터져 나옵니다. 나이에 비해 질문 수준이 높으니까요. 대프니는 이런 질문도 합니다.

"1982년 이후 처음으로 물가상승률이 7%를 찍었어요. (중략) 오직 주식 한 종목에만 베팅해야 한다면 인플레이션 시기에도 회복력이 강할 종목으로 어떤 것을 추천하시겠어요?"

워런 버핏 회장은 불황에도 잘 버티는 주식 한 종목을 찍어주는 것보다 더 좋은 이야기를 해주겠다고 말합니다.

"네가 할 수 있는 가장 좋은 일은 어떤 것을 유난히 잘하는 것이란다. 네가 이 동네 최고의 의사이거나 변호사라면, 아니면 뭐가 됐든 최고가 될 수 있다면, 네가 그 일을 해주는 대가로 사람들이 너에게 수십억 달러를 지불하거나 돈이 아니더라도 그에 상응하는 어떤 것을 너에게 주겠지. 네가 부탁받은 그 일을 한다고 해서 네가 가진 그 능력이 다른 사람들에게 가는 것은 아니니, 그들은 너를 상대로 인플레이션을 적용할 수 없단다."

워런 버핏 회장은 좀 더 자세히 설명합니다.

"어떤 사람들은 자신이 생산한 것들을 너에게 주면서 네가 가진 기술과 거래하려고 할 거야. 좋은 기술을 가진 사람이 혜택을 더 보는 세상이지. 기술을 갖추는 것은 교육으로도 가능하지만, 꽤 많은 부분이 교육과 관계없단다."

주식 투자를 하지 않는 여러분에게는 이 설명이 조금 어려울 수 있습니다. 다행히 워런 버핏 회장님은 쉬운 말로 답변을 마무리합니다. 93살 회장님이 13살 대프니에게 들려주고 싶었던 말은 이것이죠.

"최고의 투자는 너 자신을 계발하는 것이란다. 심지어 그건 세금도 내지 않잖아? 나라면 그렇게 하겠어."

하버드대학교에서 창의성을 가르치는 셸리 카슨 교수님은 "우리 누구나 우수한 두뇌를 타고났으며 두뇌를 사용하는 방법을 알면 어떤 문제도 거뜬히 해결하며 살 수 있다"고 말합니다. 저마다의 두뇌 속에는 살면서 축적한 그 누구도 접근할 수 없는 지식이 담겨 있고, 이 지식을 기반으로 생각해서 제대로 사용한다면 누구든지 창의적인 문제해결 능력을 기를 수 있다고 확신합니다.

워런 버핏 회장님이 강조한 자기계발, 셸리 카슨 교수님이 주장한 창의적 문제해결 능력을 가능하게 하는 기본기가 있습니다. 바로 문해력입니다.

학교 성적에서 수능까지 단 하나의 능력, 문해력

안녕하세요. 10대 독자 여러분. 선생님은 '한국을 대표하는 글쓰기 전문가'라고 스스럼없이 자처하는 글쓰기 코치예요. 여러분의 공부를 도와주는 공부 코치처럼, 선생님은 누구든지 글쓰기를 잘할 수 있도록 도와주는 일을 합니다. 글을 잘 쓰고 싶은 마음, 글을 잘 쓰게 돕고 싶은 만큼은 한국을 대표할 만합니다. 글쓰기를 가르치는 일을 해온 지 25년이나 되었어요. 글쓰기를 힘들어하고 글쓰기가 잘 안되어 고민인 어른들을 수없이 만나고 그런 어려움을 해결하는 데 도움을 주었어요. 그러면서 알게 된 사실이 글쓰기로 인한 문제는 단지 글쓰기만의 문제가 아니라, 읽기와 생각하기 과정을 포함하는 문해력 전반의 문제라는 것이에요. 즉, 글을 읽고 쓰는 능력인 문해력이라는 토대 없이는 글쓰기가 잘되지 않음을 알게 된 것이에요.

이 책은 지금까지 여러분이 만난 문해력을 키우는 학습서와는 많이 다릅니다. 단지 읽기, 쓰기, 생각하기에 관해 설명하는 것이라면 이미 여러분 손안에 있는 교과서 참고서 학습서로도 충분합니다. 코치 선생님의 이 책은 문해력을 키워 생각머리를 만들도록 돕는 책입니다. 생각머리는 공부머리를, 공부머리는 어른이 되면 반드시 필요한 일머리를 갖추도록 돕습니다. 말하자면 이 책은 여러분이 어떤 일을 하고 살든 여러분이 바라는 성취를 하도록 그 씨앗을 뿌려주는 책입니다.

이 책은 시험에만 특화된 시험 뇌를 공부 뇌, 즉 공부머리로 바꿔줍니다. 암기 위주의 뇌를 이해와 응용이 가능하도록 바꿔서 어떤 문제에도 작동할 수 있도록 만들어줍니다. 공항에는 활주로가 있어 비행기가 뜨고 내리지요. 그런데 어떤 항공기도 활주로 진입 자체가 목표는 아닙니다. 활주로에서 추진력을 얻어 목적지로 날아가는 것이 목표입니다.

문해력은 공부머리를 키워 여러분이 원하는 삶을 살도록, 그 최종 목적지를 향해 잘 날아오르도록 추진력을 키워줍니다. 따라서 10대에 노력해야 할 단 하나가 있다면 바로 문해력입니다. 이 책으로 더 높이, 더 멀리, 더 빨리, 그리고 더 안전하게 여러분의 목표를 향해 날아오르기를 진심으로 바라고 응원합니다.

1교시:

공부를 안 해서 공부를 못한다?
문해력이 약해서 공부가 어렵다!

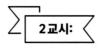

2교시:

읽는 것만으로
거의 모든 문제를 풀 수 있다

3교시:

평생 무뎌지지 않는 사고력 키우기

4교시:

AI시대를 헤쳐나갈 문장력 키우기

5교시:
공부머리 만드는 하루 10분 루틴

1교시:

공부를 안 해서 공부를 못한다?
문해력이 약해서 공부가 어렵다!

자유롭고 독립적인 한 인간으로 서게 하려면

말을 가르치고 의미를 알게 하고

표현할 수 있어야 한다고 생각했다.

-앤 설리번

학교 시험, 수능 시험,
왜 자꾸 바뀔까?

2028 대입 개편안, 2025 고교 학점제, 2022 개정 교육과정.

공부 전문가라는 어른들이 입에 달고 사는 말이죠. 이런 단어들을 들을 때, 여러분은 어떤 생각이 드나요?

"어려운 말은 됐고, 학교 시험, 수능 시험은 왜 자꾸 바뀌어?"
"그러니까, 학교 시험도 수능 시험도 잘 보려면 어떻게 하면 되는데?"

대부분 이런 생각이 들겠죠. 여러분이 이해해야 하는 것은 교육 정책이나 시험 방식이 아니라, 왜 그렇게 하느냐는 것이에요. 바뀐

정책을 한마디로 말하면 앞으로는 서술형이나 논술형 시험을 많이 본다는 뜻입니다. 학교에서 시험 잘 치르고, 원하는 대학에 들어가려면 서술형이나 논술형 시험에서 좋은 성적을 얻어야 한다는 말이죠.

논술·서술형 평가는 배운 것을 잘 이해하고 생각을 잘 정리해서 잘 전달하는가를 보는 데 의미가 있습니다. 그러면 학생들에게 이런 능력이 필요한 이유는 뭘까요? 여러분이 국어, 영어, 수학, 과학 등의 많은 분야의 지식을 배우는 것은 이를 바탕으로 성인이 되어 더 잘 살아가기 위한 준비예요. 수학이나 국어가 살아가는 데 무슨 도움이 되나 싶은 생각이 들 수도 있어요. 물론 그 말도 일리는 있습니다. 맞춤법이나 방정식이 살아가는 데 직접적인 도움이 되지는 않아요. 하지만 내가 어떤 문제에 부딪혔을 때, 이를 해결하기 위해서는 다양한 지식이 필요해요. 이 지식을 생각의 재료로 삼아 문제를 해결할 수 있어요. 그리고 이를 해낸 사람들이 인재로 인정받아요. 특히 여러분이 살아갈 미래사회는 지금과는 아주 많이 다를 거고, 상상하기조차 힘든 큰 변화를 맞이하게 될 거예요. 그때 여러분이 맞닥뜨릴 문제를 척척 해결하는 인재가 되기 위해서는 문제해결 역량과 이를 위한 사고력을 키워야 하죠. 이런 능력들을 합친 것이 '공부머리'입니다. 이런 능력은 암기한 지식을 평가하는 시험 방식으로는 길러질 수 없어요. 그것들은 그저 생각을 위한 재료

일 뿐이니까요. 이 재료를 잘 활용하는 도구가 바로 문해력입니다.

학교에서 보는 시험이나 수능 시험에서도 논술형 문제가 많아진 다는 것은 단순히 지식이 머릿속에 잘 들어 있는가를 확인하는 데 서 그치지 않고 한 단계 더 나아가, 이를 잘 활용할 수 있는지 평가 하겠다는 것이나 다름없어요. 즉 지식을 읽고 생각하고 쓰는 것인 데, 이것이 바로 나, 송 코치가 말하는 문해력 그 자체입니다.

결론적으로 10대에 해야 할 가장 중요한 일은 공부머리를 만드 는 것이에요. 10대 때 습득한 공부머리는 앞으로 살아가면서 무엇 이든 배워 자기 것으로 만들게 해줄 거예요. 그러면 어떤 문제가 닥 치더라도 스스로 해결할 수 있답니다.

두뇌 성장판 닫히기 전에 문해력을 키우자

문해력은 공부 외에도 10대들이 살아가는 데 아주 큰 영향력을 행사해요. 10대는 공부를 본격적으로 시작하는 시기이면서 다른 사람과 어울려 살아가는 사회성을 키워가는 시기이기도 해요. 감 정을 조절하고 원하는 성품을 만드는 기반도 이때를 놓치면 안 돼 요. 미래를 위해 구체적인 꿈을 꾸는 것도 주로 이 시기죠. 이러한 10대 여러분의 모든 관심사는, 믿기지 않겠지만 문해력이 좌우합 니다. 이제 그 설명을 하나하나 해줄 거예요.

모든 중요한 것들과 마찬가지로 공부머리와 문해력은 하루아침에 만들어지지 않아요. 자기 생각, 주장, 지식을 말과 글로 표현하는 능력은 뇌에서 전전두피질이라는 곳이 담당하는데, 사춘기 전까지 최대한 발달하고 성인이 되어서는 발달하기 어려울뿐더러 가장 먼저 퇴화한다는 특성이 있습니다. 따라서 두뇌 성장판이 닫히기 전, 10대라는 골든타임을 사수해야 해요.

불변의 공부 법칙:
잘 읽고 잘 써야 공부도 잘한다

국제수학올림피아드에 출전하는 학생이 머리 좋고 똑똑하고 공부도 잘하는 건 당연하겠죠. 한국 대표로 뽑힌 학생들은 상위 0.001% 안에 드는 영재들이라고 해요. 보통은 IQ가 130 이상이면 영재라고 하며, 상위 2%에 해당합니다. 영재들은 평범한 학생들과 무엇이 다를까요? 국제수학올림피아드 한국팀을 20여 년간 이끌고 1등으로 만든 영재 전문가인 송용진 교수님은 이렇게 답해주셨어요.

"지능은 영재의 한 가지 요소일 뿐, 공부 재능은 창의성과 과제집착력이 더해진 결과다."

공부를 잘하는 데는 지능보다 중요한 게 있다는 말입니다. 미국 하버드대학교의 린 멜츠 박사 연구팀도 같은 주장을 해요. 공부를 잘하려면 계획하기, 조직화하기, 우선순위 정하기, 유연하게 생각 전환하기, 점검하기, 기억하기의 여섯 가지 두뇌 기능이 필요하다고 했어요. 이 여섯 가지 기능은 우리 두뇌의 앞부분, 즉 전두엽에서 일어나요. 전두엽은 한마디로 실행하는 뇌입니다. 이 기능이 떨어지면 지능이 높아도 그 지능을 활용하는 능력이 떨어지니 좋은 성적으로 이어질 수 없다는 뜻입니다.

청소년소아정신과 의사인 노규식 선생님도 생각이 같습니다. 학습장애로 선생님의 진료실을 찾는 학생 중에는 공부에 오랜 시간 투자하는데도 성적이 좋지 않은 학생이 많다고 합니다. 근데 이 학생들은 대체로 지능이 높다고 하니 더 이상하죠. 선생님은 이 학생들의 전두엽의 실행 기능이 제대로 작동하지 않기 때문이라는 진단을 내립니다. 노규식 선생님이 학습장애를 앓는 학생 환자에게 하버드대 린 멜츠 박사가 이야기한 계획하기, 조직화하기, 우선순위 정하기, 유연하게 생각 전환하기, 점검하기, 기억하기의 여섯 가지 능력을 향상시켰더니 성적이 크게 올랐다고 합니다.

자 이제 중요한 것은 전두엽이 제 기능을 발휘하게 하는 방법이 겠죠? 이 코치 선생님이 말하는 특급 비법은 읽고 쓰는 능력인 문해력을 키우는 것입니다.

가짜 문해력

코로나 19 전염병이 유행할 때 학교에 가지 않는 바람에 학원이나 학습지가 추가된 친구들도 많을 거예요. 때마침 불어온 문해력 유행의 바람에 학원들은 '전 과목 성적을 끌어올리기 위해선 문해력이 필수'라고 외쳤고, 우리 아이만 뒤처질 새라, 불안과 두려움으로 가득 찬 부모님의 엄명이 있었을 거라고 생각해요.

그런데 선생님은 문해력만큼은 사교육으로 안 된다고 생각해요. 전두엽의 실행 기능을 키우는 읽고 쓰기 능력은 아주 더디게 자라기 때문이에요. 거기다 스스로 하지 않으면 실력이 생기지 않아요. 사교육은 학교와 달라서 학원비가 아깝지 않게 눈에 보이는 성과를 내야 해요. 그러니 학생 스스로가 읽고 쓰기 능력을 키우도록 지도하고 기다려주기보다는 지름길을 알려주어요. 학생을 대신해 읽고 요점을 정리해 짚어주고 학생들에게 흉내만 내게 만드는 거죠. 그러면 단기간에 읽기와 쓰기 능력이 좋아지는 것처럼 보이지만, 사실은 그렇지 않아요. 이건 스스로 하는 게 아니라 따라 하는 것이기 때문이에요.

디지털 시대
아날로그식 공부의 중요성

읽고 쓰기 전문가인 코치 선생님에게 최근 걱정이 추가됐어요. 이제 교실마다 'AI 디지털 교과서'가 보급되어 디지털 수업을 하게 됩니다. 단계적으로 보급된다고는 하지만, 이로 인한 피해도 상당할 것 같아 걱정이에요.

수업 중 디지털 기기를 오래 사용하는 학생일수록 수학 성적이 떨어진다는 분석이 있어요. 한 조사를 보면 특히 한국 학생은 다른 나라 학생에 비해 디지털 기기로 인한 성적 하락 폭이 큰 것으로 나타났어요. 그렇지 않아도 이미 스마트폰 없는 삶이 상상이 가지 않을 텐데 수업 시간마저 스마트기기를 사용하면, 잠자는 시간 외에 거의 모든 시간을 디지털 기기와 함께하는 것이 되어버리죠. 이러면 성적이 점점 더 떨어지지 않을까 걱정될 만도 하죠?

디지털이 망치는 공부머리

최근 영국에서는 엄마들이 뭉쳤어요. 스마트폰이 아직 어린 자녀들의 삶을 망친다며, 휴대전화 없는 유년기 만들어주기 위해 나섰습니다. 엄마들은 아이들이 스마트폰을 쥐는 순간 유년기가 사라진다고 생각했어요. 스마트폰을 지나치게 사용하게 되기 때문이죠. 스마트폰이 필수품이 되어버린 시대에 이런 말이 조금 무섭기는 하죠. 여러분이 스마트폰과 단절할 필요는 없지만, 영국 엄마들의 걱정을 생각해보고 공감할 필요는 있습니다.

여러분은 스마트폰을 하루에 몇 시간 사용하나요? 우리나라의 경우 TV나 스마트폰 등 미디어 사용 시간이 하루에 평균 3시간가량으로 조사되었어요. 이는 세계보건기구 권고의 약 3배나 되는 시간이라고 해요. 그중에서도 유튜브와 숏폼 콘텐츠를 많이 보는 걸로 나타났습니다. 특히 숏폼 콘텐츠를 장시간 보는 습관은 한창 자라야 할 10대들의 두뇌에 걸림돌이 됩니다.

짧은 콘텐츠를 골라보는 습관은 뇌가 정보를 건성으로 취하게 만들기 때문에 위험하다고 해요. 정보를 건강한 한 끼 식사가 아니라 간식처럼 대충대충 취하는 쪽으로 뇌가 굳어지는 거죠. 간식은 맛있지만, 성장하고 튼튼한 몸을 만드는 데 충분한 영양소를 제공해주지는 못하잖아요. 간식을 먹듯 지식과 정보를 취하는 습관에, 콘텐츠를 진득하게 읽고 듣고 이해하지 못하는 습관이 더해지면 매사를 건성으로 보게 돼요. 제목이나 단어 몇 개만 골라 보고 내용을 이해했다고 착각하는 일이 생겨요. 내용을 다 읽지 않고도 아는 것으로 믿는 거예요. 이런 습관이 굳어지면 그저 재미있느냐의 여부로만 콘텐츠를 평가하게 되어 무엇이 중요한지 파악하지 못하게 돼요. '단짠' '맵단' 같은 자극적인 맛을 즐기는 목적의 간식이 뇌에 영양을 공급하지 못하고 키가 크는 걸 도와주지 못하는 것처럼⋯. 잘 읽고 잘 쓰고, 그리해서 잘 생각하게 되는 문해력과는 점점 멀어지는 거예요.

10대에 문해력을 키우는 것은 디지털의 무차별 공격에 대비해 백신을 맞는 것과 같아요. 이 점을 여러분이 기억하면 좋겠습니다.

공부머리 트이면
세상 쉬운 것이 공부

"공부는 공부머리가 열려야 한다. 안목이 열리고 식견이 터져야 한다. 독서와 글쓰기는 이 공부머리를 얻기 위한 가장 위력적인 방편이다. 공부머리가 한번 열리기만 하면 모를 게 없어지고 이전에 따로 놀던 것들이 하나로 죽 꿰어진다. 제대로 읽어야 하고 바르게 쓸 줄 알아야 한다."

한양대학교 정민 교수님의 말씀이에요. 공부머리가 마치 요술지팡이 같죠? 많은 전문가들이 연구를 통해 똑같은 결과를 내놨어요.

어릴 때 글쓰기를 배우면 생각을 만들고 정리하고, 또 그 생각을 표현하고 전달하는 데 능숙해져서 공부머리는 저절로 생긴다는 결과예요. 공부머리가 트이면, 아이들은 배운 것을 빠르게 이해하고 자기 것으로 만들어갑니다. 공부머리가 한번 트이면, 학교에서 배우는 모든 과목, 전 과정에서 이해의 폭이 넓어져 공부를 더 잘하고 시험도 더 잘 치게 되죠.

이쯤 되면 공부머리가 무엇인지 다시 한번 궁금해집니다.

공부머리는 뭘까?

코치 선생님은 글쓰기 수업을 진행하며 다양한 어른들과 만나요. 명문대학을 나온 사람, 다들 부러워하는 대기업에 다니는 사람, 최고의 직업이라 일컫는 전문직에 이르기까지, 성공했다고 말할 수 있는 사람들도 있어요. 아마 학생 여러분 중에서도 이런 미래를 그리며 열심히 공부하는 친구들이 있을 거예요. 그런데 이 사람들은 왜 바쁜 시간을 쪼개서 글쓰기 수업을 받을까요? 선생님이 분석한 이유는 다음과 같아요.

그분들을 그 자리까지 오르게 해준 것은 시험에 특화된 뇌예요. 그런데 시험 뇌로는 더 오래, 더 멀리, 더 높게 갈수 없었던 거죠. 글쓰기 능력은 사실과 생각들을 조립해 의미 있는 내용을 만드는 창조적 작업이에요. 그런데 두뇌가 그저 시험 보는 데 특화된 머리라면 창조적 작업을 할 수 없어요. 반면, 공부머리는 배운 것을 쌓아두었다가 필요할 때 꺼낼 수 있는 능력이에요.

우리가 하는 공부는 단계가 있어요.

1. **집어넣기**: 배우고 머릿속에 넣는다.

2. **정리하기**: 정리하고 이해하고 기억한다.

3. **꺼내기**: 말과 글로 표현한다.

이렇게 3단계로 이뤄지는데요. 시험머리는 집어넣는 공부예요. 공부머리가 꺼내는 공부고요. 꺼내는 공부를 통해 비판적이고 창의적 사고가 가능하니까요. 그리고 꺼내는 공부에서는 글쓰기가 핵심이에요. 글로 쓰는 작업을 통해 무엇을 어떻게 공부했는지 분명하게 확인할 수 있거든요.

그러면 집어넣기와 정리하기는 어떤 과정일까요?

1. **집어넣기**: 읽기

2. **정리하기**: 생각하기

3. **꺼내기**: 글쓰기

이렇게 단계가 정해져 있으니 어느 하나라도 소홀히 해서는 공부머리를 키우기 힘들겠죠.

읽고 쓰기 잘하면
진짜 공부를 잘하게 될까?

　전 세계에서 공부 잘하는 우등생이 모이는 하버드대학교와 MIT
에서 35년 동안 가르친 조지 스웨인 교수님. 학생들에게 질문하면
책에 있는 내용을 정확하게 대답하지만, 그 내용을 좀 더 깊게 파고
들면 제대로 답하지 못한다는 것을 알고 충격을 받은 일이 있었습
니다. 학생들이 배운 것을 이해하기보다 암기하고 있었던 거죠.

　이쯤에서 우리도 짚어야 할 게 있어요. 공부는 왜 할까요? 조지
스웨인 교수님은 인생에서 마주치게 될 여러 가지 문제들을 해결
할 수 있는 '능력'을 갖추기 위해 공부를 한다고 말했어요. 외우기
만 해서는 응용이 안 되기 때문에 배운 것을 적용해 문제를 해결하
는 능력을 얻을 수 없어요. 그러니 교과서에서 정해준 정답이 아니

고서는 답을 내지 못하는 거죠. 하지만 세상에는 딱 한 가지 정해진 답이 있는 문제들만 마주하며 살 수는 없어요. 여러분이 커가고 더 큰 사회로 나가면 온갖 문제들을 만나게 됩니다. 그런 문제들은 교과서에 나오지 않지만, 우리가 지식을 제대로 읽고, 생각하는 법을 알고, 이를 자기 언어, 즉 자기 글로 풀어 쓸 수 있게 되면, 그 답을 찾을 수 있어요. 그러니 열심히 공부하지만 뚜렷한 성과를 끌어내지 못하고 있다면, 무엇보다 먼저 자신의 공부법을 점검해볼 필요가 있습니다.

암기력 좋은 친구들은 생각하기에 게으를 수 있어요. 생각하기는 힘들고 어려우니까 생각하는 대신 내용을 통째로 외워버리거든요. 그런데 암기식 공부는 복잡하고 어려운 문제가 나오면 풀 수 없어요. 국어나 수학처럼 이해하고 생각하기가 요구되는 과목에는 갈수록 취약해지는 거죠.

학교 성적 좌우하는 읽기와 쓰기 능력

"시험 문제를 잘못 이해했어."
"아, 이런 문제였구나! 착각했네."

문제를 풀고 나서 답을 확인할 때 이런 생각을 해본 적이 다들 있을 거예요. 모르는 문제가 아닌데 잘 못 이해해서 엉뚱한 답을 써서 아쉬웠을 거예요. 하지만 이것은 아쉬움으로 끝날 일이 아니에요. 이것이 바로 공부를 잘하고 못하는 차이를 만드는 문해력의 문제입니다.

많은 연구 결과들이 읽고 쓰는 능력이 학교 성적에 아주 큰 영향을 미친다고 말해줍니다. 읽고 쓰는 능력이 뛰어난 학생이 공부도 잘한다는 말이에요

OECD에서는 회원국을 대상으로 국제적인 학력 조사를 한 결과 독해력 점수와 수학 점수, 과학 점수 사이에는 강한 상관관계가 있는 것이 밝혀졌어요. 또 미국 교육부가 진행한 연구에서도 독해력, 수학 시험 성적과 고등학교 졸업 후 진로 사이에 상관관계가 있는 것으로 나타났고요. 읽기 능력과 수학 점수가 좋은 학생들이 대학 진학이나 취업에서 더 나은 진로를 택할 가능성이 큰 것으로 나타났다고 해요. 일본에서도 전국 학력 · 학습 상황 조사를 했는데, 독해력 점수가 높은 학생이 수학 등 이과 과목에서도 높은 득점을 취하는 경향을 보였습니다.

우리는 이과 뇌, 문과 뇌라고 말하면서, 문과 뇌를 가진 학생은 이과 공부를 잘하지 못한다고 알고 있는데, 왜 이런 결과가 나왔을까요? 그 비결은 읽고 쓰는 능력이 높으면 교과서나 자료의 내용을 빠르게, 그리고 잘 이해하게 되기 때문이에요. 그 결과 숙제하거나

시험 문제를 푸는 게 남들보다 쉬워져요. 논리적으로 생각하고 자기 생각을 글로 표현하기가 어렵지 않아요. 그러니 당연히 공부를 잘하게 되고 성적이 좋을 수밖에 없어요. 이런 과정이 되풀이되면 어느 날 공부머리가 트이는 거예요.

읽고 생각하고 쓰는 능력이 뛰어나면 다른 공부도 잘한다는 이런 조사 결과는 학생들의 오랜 고민에 희망을 줍니다. 읽고 쓰는 능력은 연습하면 키울 수 있기 때문이에요.

그동안 아무리 열심히 공부해도 성적이 오르지 않았던 경험, 있나요? 그럴 때 '나는 머리가 나쁜가 봐' 하고 좌절했다면, 이제 공부하는 방법을 바꾸세요. 먼저 읽고 생각하고 쓰는 능력, 즉 공부머리 문해력을 키워봅시다!

학교가 별 볼 일 없다고
여기는 너에게

공부법을 알려주는 사업을 하는 스콧 영은 세계적으로 유명한 MIT를 졸업했어요. MIT는 우리나라의 카이스트처럼 이공계 전문 대학입니다. 재미난 것은 스콧 영은 MIT에 입학하지 않았다는 사실이에요. 그러니 사실 졸업도 할 수 없지요.

스콧 영은 MIT에 입학해 4년제 학부 컴퓨터과학 교육 과정을 수강하는 전형적인 방법이 아니라 MIT에서 운영하는 온라인 교육, 즉 2,500개가 넘는 MIT 과정의 자료를 온라인으로 공유하는 오픈 코스웨어라는 플랫폼을 통해 전 과정을 배웠어요. 그 뒤 33개가 넘는 기말고사를 통과하고 필요한 프로그래밍 프로젝트를 완료해 졸업에 필요한 모든 조건을 갖추었어요. 그것도 단 12개월 만에 말이죠. 이 소식이 알려지자 세계적인 IT 기업 마이크로소프트에서 스콧 영에게 입사를 제안했어요. 하지만 그는 단호하게 거절했죠. "나는 대기업에 들어가고 싶어서 공부한 게 아닙니다." 그는 이런 경험을 유튜브와 책으로 공유하며 이런 말을 했어요.

"세상을 살아가는 데 진정으로 필요한 것은 나 자신을 위해 공부하는 능력을 키워 스스로 경력을 만들어가는 것이다."

스콧 영은 스스로 공부하는 능력이 무한경쟁 시대에 꼭 필요한 능력이라고 강조합니다. 그는 과거에는 명문대를 졸업하면 경력이 보장되고 고액 연봉을 받을 수 있었지만, 시대가 급변해 이제는 이런 공식이 통하지 않기 때문에 의미가 없다고 말해요. 대학에 입학하기 위해 시험공부에 목매고, 어떤 지식, 능력, 기술 습득에 몇 년의 시간을 소비해 학위를 따는 대신에 주어진 시간과 환경에서 최고의 성과와 높은 수준의 자기 성장을 이뤄내는 데 필요한 능력을 키울 것을 당부합니다.

학위보다 능력

세계적으로 유명한 대학 중의 하나인 하버드대학교는 입학하기가 하늘의 별 따기만큼 어렵다고 하는데, 하버드대학교보다 들어가기 더 어려운 곳으로 미네르바 스쿨이 꼽힙니다. 미네르바 스쿨은 여느 대학들처럼 강의실, 도서관 같은 건물이 들어선 캠퍼스가 따로 없어요. 그 대신 온라인 학습 플랫폼에서 다양한 커리큘럼을 진행하는데요. 이런 추세는 세계적인 것으로, 전 세계의 명문대들이 온라인 교육 플랫폼을 만들어서 배우고자 하는 사람들에게 개방하고 있어요. 코세라, 에드엑스, 유다시티와 같은 글로벌 온라인 교육 플랫폼이 여기에 해당해요.

리처드 버크민스터 풀러라는 지식인은 지식이 2배로 늘어나는 시간이 점점 짧아지고 있다고 말했어요. 지식이 2배로 증가하는 데 100년 걸리던 것이 1990년대부터 25년으로, 2018년에는 13개월로 짧아지고 있다고 합니다. 기술의 발달로 우리가 새롭게 배워야 할 지식은 점차 늘어나고 있고, 또 과거에 배운 지식이 금방 쓸모없어져요. 그러니 이럴 때 암기하는 지식은 쓸모없어요. 그래서 대학들도 바뀌는 지식을 빠르게 전달하기 위해 온라인 교육을 적극적으로 활용하고 있어요. 이런 사실을 통해 알 수 있는 것은 여러분이 활약할 미래는 학위보다 능력이 더욱 중요한 시대가 될 것이라는 사실이에요. 학위가 아니라 배우는 능력이 중요하고, 배우는 능력은 읽고 쓰는 힘, 문해력을 통해 기를 수 있어요.

여기서 중요한 것은 선생님이 학교 교육이 중요하지 않다고 말하는 게 아니라는 점이에요. 학교를 그만두라는 게 아니라, 진짜 공부는 스스로 하는 것이라는 점을 강조하는 거예요. 기술이 급속도로 변하고 지식이 순식간에 바뀌는 요즘 같은 세상에서는 단순한 암기나 문제풀이식으로 지식을 습득하는 공부는 안 통해요. 세상이 어떻게 변하든, 변화를 이해하고 새롭게 만들어지는 지식을 배우고 이를 활용하는 능력이 중요해요. 그래서 학교를 비롯한 교육 현장 역시 이 문해력을 키우는 방법으로 교육 과정을 자꾸 손보는 것이에요. 그러니 여러분은 앞으로 교육 과정이 자꾸 바뀌더라도 흔들릴 필요가 없어요. 여기서 알려주는 공부 머리 키우는 3단계 방법을 계속 연습하고 익혀서 잘하게 되면 어떤 방식에도 대응할 수 있기 때문이에요.

그저 잘 읽고, 잘 생각하고, 잘 쓰는 것만으로 누구나 성적이 오른다니 도전해볼 의지가 생기나요? 이제부터 선생님과 함께 읽기의 힘부터 차근차근 길러봅시다.

2교시:

읽는 것만으로
거의 모든 문제를 풀 수 있다

잘 읽는 사람은 공부를 잘한다.

잘 읽으면 잘 읽을수록 공부를 더 잘한다.

이를 마태효과라 한다.

-키스 스타노비치 토론토대학교 응용심리학 및 인간개발학과 명예교수

공부머리 초능력의 시작,
독해력 키우기

여러분은 AI와 대화해본 적 있어요? 휴대전화의 시리나 앱으로 구동하는 헤이카카오, 스피커를 통해 작동하는 기가지니 같은 AI 비서들은 물어보는 것은 무엇이든 친절하게 대답해줘요. 뭐든 알고 있는 것 같은 AI가 수능 시험을 보면 대학에 합격할 수 있을까요?

일본에서는 이 궁금증을 위해 'AI 도쿄대 입학시키기' 프로젝트를 했어요. 10년 전쯤의 일인데요. AI 수험생은 일반 수험생과 동일한 조건으로 일본 최고 명문대학 입학시험을 치렀어요. 결과는 어땠을까요?

AI 수험생은 몇 년 준비 끝에 첫 시험을 쳤지만, 성적은 별로였어요. 이후 재수, 삼수를 계속했는데 이 과정에서 학습을 거듭한 AI

수험생은 성적 점점 좋아졌어요. 그런데도 목표한 도쿄대 입시에는 실패한 채로 프로젝트가 마무리되었다고 해요.

AI 수험생이 도쿄대 입시를 포기한 이유는 뭘까요? 이 프로젝트를 이끈 일본 국립정보학연구소의 아라이 노리코 교수님은 이렇게 설명합니다.

"시험을 치르는 데 필요한 것이 암기 능력과 암기한 것을 꺼내는 능력 정도라면 AI가 사람보다 훨씬 낫겠지요. 하지만 도쿄대가 원한 것은 단순히 텍스트를 읽고 해독하는 게 아니라 질문하는 범위를 넘어 숨겨진 의미를 찾거나 추론하거나 융합하는 능력, 즉 독해력이었기 때문입니다."

이런 능력은 사람에게 특화된 것으로 현재의 AI엔 '넘사벽'이었습니다. AI 수험생이 도쿄대 입시에 실패한 것은 '사람처럼 읽고 사람처럼 생각하지 못했기 때문'이에요. 이 말은 AI의 약점은 읽기 능력이라는 것이에요. 따라서 AI를 이기는 무기는 제대로 읽는 힘, 독해력이라는 말이 됩니다.

공부머리는 독해력이 기본

아라이 노리코 교수님은 일본의 초등학생 대부분이 글을 읽을 수는 있지만, 내용을 이해하지 못한다며 크게 걱정합니다. 이렇게 된 데는 시험 성적을 올리기 위해 문제 풀이를 반복해서 하고 암기 위주 공부를 했기 때문이라고 봐요. 노리코 교수님이 가장 심각하게 여기는 것은 초등학교 때부터 반복된 문제 풀이 연습으로 공부했다는 기분을 맛보고 그 결과, 시험에서 좋은 점수를 받으면 이것이 성공적 체험으로 작용한다는 겁니다. 사실 특정한 문제에 정해진 답을 내놓는 것만으로는 AI에는 없는 사람만의 독해력이 어느 정도인지 측정하기 어려워요.

만약 여러분이 이렇게 공부해서 좋은 성적을 내고 있다면, 명심할 게 있습니다. 이런 행운은 중학교 3학년까지 이어지지 않습니다. 중3은 본격적인 입시가 가시화되는 시기로 기본기가 갖춰져 있는 학생들이 앞으로 달려 나가기 시작합니다. 튼튼한 뼈대 없이는 높은 건축물을 쌓아 올릴 수 없듯이, 공부머리를 만들어놓지 않으면 공부머리가 있는 학생들을 따라잡을 수 없습니다. 선생님의 설명이 이해가 잘 안 되고 우리말로 쓰인 교과서가 무슨 뜻인지 모르는 상황에 도달하면, 떨어진 성적을 만회할 기회가 영영 사라집니다.

즉 문제를 반복해 푸는 연습만 거듭하면 당장 시험 성적은 좋을지 모르지만, 공부머리를 만드는 데 실패해서 공부가 점점 어려워질 거예요. 선생님은 여기에다 챗 GPT 같은 생성형 AI 기반 학습지와 참고서가 미래에 더 많이 등장해서 여러분의 문해력을 도둑질할까 걱정이에요.

AI를 이기는 무기, 독해력

빌 게이츠는 전 세계에서 손에 꼽히는 부자예요. 한번은 '초능력을 가질 수 있다면 어떤 것을 원하겠는가'라는 질문을 받았어요. 그의 대답은 뜻밖에도 '책을 빨리 잘 읽는 초능력을 갖고 싶다'였어요. 워런 버핏은 세계 제일의 투자자입니다. 그는 투자 성공비결을 묻는 사람들에게 이렇게 답하곤 해요.

"누군가의 인생을 가장 짧은 시간에 가장 위대하게 바꿔줄 방법 가운데 독서보다 더 좋은 것은 없다."

빌 게이츠와 워런 버핏 같은 세계적인 부자들이 책 읽기를 강조하다니, 신선하죠? 부자가 되면 책 읽는 것 말고도 할 게 많아 보이는데요. 그런데 부자일수록 독서의 중요성을 강조해요. 독해력이라는 기본기 없이 부자가 될 수 없다는 거죠. 어때요. 공부도, 부자가 되는 것도 읽기, 즉 독해력이 좌우한다니까 좀 솔깃한가요?

1등급 만드는 독해력 키우기, 쉽고 빠른 방법은 없다

공부머리를 만드는 작업에 들어가기에 앞서, 먼저 현재 상황을 파악하는 것은 큰 도움이 됩니다. 여러분이 공부하는 스타일을 한 번 점검해볼까요?

이 점검표는 미국 켄트 주립대학교의 심리학과 존 던로스키 교수님이 만든 것이에요. 학생들이 가장 많이 쓰는 공부 방법 10가지를 뽑아서 과연 효과가 있는지 연구를 했어요.

다음 페이지에 있는 10가지 공부 방법 중 자신에 해당하는 것을 모두 표시해봅시다.

이 10가지 방법은 세 종류로 분류되는데 각각 효과가 '작음 : 보통 : 큼'으로 평가됩니다.

학생들이 가장 많이 쓰는
공부 방법 10가지

-존 던로스키 켄트주립대 심리학과 교수

☐ 방법1: 공부한 내용 중 중요한 요점을 정리해 필기한다.

☐ 방법2: 공부한 내용 중 중요한 부분을 자신에게 설명한다.

☐ 방법3: 공부한 내용 중 중요한 부분에 밑줄 긋는다.

☐ 방법4: 공부한 내용 중 사건명이나 연도 등 중요한 것은 키워드로 암기한다.

☐ 방법5: 공부하다가 잘 모르는 내용이 나오면 끝까지 파고든다.

☐ 방법6: 공부한 것을 머릿속에서 선명하게 이미지화한다.

☐ 방법7: 공부한 것과 정리한 내용을 반복해 읽는다.

☐ 방법8: 공부한 내용을 이해하고 기억하는지 테스트한다.

☐ 방법9: 공부한 것을 시간을 두고 다시 복습한다.

☐ 방법10: 공부한 내용과 관련된 다른 책이나 자료를 번갈아 보며 읽는다.

내 공부법 효과 점검하기

여러분이 꼽은 자신의 공부 방법이 과연 효과가 있을지 궁금할 거예요. 아마 다음 다섯 가지 방법이 가장 많을 것으로 예상됩니다.

☐ 방법1: 공부한 내용 중 중요한 요점을 정리해 필기한다.

☐ 방법3: 공부한 내용 중 중요한 부분에 밑줄 긋는다.

☐ 방법4: 공부한 내용 중 사건명이나 연도 등 중요한 것은 키워드로 암기한다.

☐ 방법6: 공부한 것을 머릿속에서 선명하게 이미지화한다.

☐ 방법7: 공부한 것과 정리한 내용을 반복해 읽는다.

교과서나 참고서를 읽으며 밑줄 긋는 방법, 중요하다 싶은 내용을 반복해서 읽거나 노트에 정리하는 방법들은 아마도 학생들이 공부할 때 주로 쓰는 방법일 거예요. 그런데 이 방법들은 아쉽게도 효과가 '적음'에 해당해요. 과학적 근거가 없거나 효과가 미약하다고 해요.

☐ 방법2: 공부한 내용 중 중요한 부분을 자신에게 설명한다.

☐ 방법5: 공부하다가 잘 모르는 내용이 나오면 끝까지 파고든다.

☐ 방법10: 공부한 내용과 관련된 다른 책이나 자료를 번갈아 보며 읽는다.

공부한 내용 중 중요한 부분을 자신에게 설명한다거나, 공부하다가 잘 모르는 내용이 나오면 끝까지 파고드는 것, 공부한 내용과 관련된 다른 책이나 자료를 번갈아 보며 읽는 방법은 공부에 확장성을 가져올 수 있어 보입니다. 하지만 기대한 만큼의 공부 효과는 없다고 해요. 다만 앞서 소개한 네 가지 공부 방법보다는 지식을 머리에 담는 데 더 효과적으로 보입니다.

그런데 존 던로스키 교수님과 다른 전문가들이 꼽는 최고의 공부법은 꺼내기입니다.

☐ **방법8: 공부한 내용을 이해하고 기억하는지 테스트한다.**
☐ **방법9: 공부한 것을 시간을 두고 다시 복습한다.**

이 두 가지는 공부한 내용을 머릿속에 집어넣는 데 그치지 않고 입력한 것을 정리해 저장했다가 다시 꺼내 확인하는 방법들이에요. 머릿속에 넣은 것을 필요할 때 꺼내서 활용할 수 있어야 시험문제를 척척 풀지 않겠어요? 공부를 잘하려면 이 방법밖에 없다고 해요. 꺼내기 방법은 분야와 세대 막론하고 기억력, 이해력, 응용력 등이 향상한다는 과학적 근거를 보였다는 점도 여기에 힘을 실어주고 있어요.

읽는다는 착각

공부 방법별 효과를 소개한 이유는 이 방법들이 여러분이 교과서나 참고서를 비롯한 책과 글을 읽을 때도 마찬가지 효과를 내기 때문이에요.

여러분은 아마도 글씨를 배우기 전부터 읽기를 시작했을 거예요. 이르면 한두 살에 이미 부모님이 읽어주는 동화책을 들으며 언어를 익히고 세상을 알아가는 공부를 합니다. 책은 그야말로 걷기 전부터 보는 초점 책이나 헝겊으로 만든 장난감 같은 책도 있으니까요.

그러고 보면 음식이나 옷처럼 생활필수품이 아니면서 인생을 가장 오래 함께하는 것들 중 하나가 책이 아닐까 해요. 그만큼 우리에게 익숙한 책이다 보니, 책을 읽는 행위를 우리는 무척이나 쉽게 생각합니다.

어떤 사람들은 SNS에 1일 1책 읽기 챌린지를 했다며 자랑해요. 코치 선생님 글쓰기 수업에도 그런 성인 학생이 있어요. 그런데 매일 책 한 권을 읽는다면서 어떤 책이 가장 기억에 남는지, 그 책의 주된 내용이 뭔지, 그 책을 누구에게 왜 권하고 싶은지, 물으면 입도 떼지 못해요. 하루에 책을 한 권 읽으려면 꽤 많은 시간과 에너지를 들여야 하는데, 읽은 것을 하나도 기억하지 못한다면 그런 낭비가 없다고 생각해요. 하루에 두세 권을 읽어도, 일주일에 한 권을 읽어도, 교과서를 읽어도, 참고서를 읽어도, 필요할 때 바로바로 꺼내서 활용할 수 있는 그런 읽기를 해야 해요. 이제 그 비법을 하나하나 공개합니다.

1등급 독해력 키우기 비법1

푸바오가 대나무 먹듯
엄청나게 많이 읽자

우리나라에서 태어난 자이언트 판다 '푸바오'는 중국으로 돌아간 후에도 여전한 관심과 사랑을 받고 있어요. 판다는 대나무가 주식인데, 푸바오의 1년 식비만 2억 원쯤 들었다고 해요. 대단하죠. 푸바오가 대나무 먹는 모습을 TV로 보면서 코치 선생님은 독해력을 키우는 것 역시 푸바오처럼 엄청나게 먹어야 한다는 생각이 들었어요.

일타강사로 유명한 현우진 선생님은 학교 다닐 때 우등생이었지만, 어느 순간 한계를 느꼈어요. 그 당시 현우진 선생님의 성적은 전교 6등으로, 이 성적을 유지하느라 정말 죽어라 공부만 팠다고 해요. 그러다 진짜 공부는 교과서든 참고서든, 어떤 내용이든 텍스트를 읽고 이해하는 능력이 있어야만 제대로 된다는 걸 깨달았어요. 중학교 2학년 때의 일로, 그해 겨울방학 석 달 동안 우리말로 된 책과 영어책을 합쳐서 200권이나 읽었다고 해요. 그러고 나서 전교 1등을 단 한 번도 놓친 적이 없다고 하죠.

어떻게 석 달 만에 200권을 읽을 수 있을까요? 여러분도 이해가 안 되죠? 하지만 책은 읽을수록 속도가 붙어요. 독해력이 늘면 문장을 읽고 이해하기가 더 쉬워지니 자연스럽게 속도도 빨라지죠.

아마 현우진 선생님도 첫날부터 세 권씩 읽는 속도는 아니었을 거예요. 하지만 다음 날은 조금 더 많이, 그다음 날은 더 많이 읽으며 마침내 석 달 만에 200권을 돌파했겠죠. 자 그럼, 푸바오가 대나무 먹듯이 책을 읽는 법을 알아볼까요?

가능한 한 많이, 자발적으로, 재미있게

창의성 전문가인 미하이 칙센트미하이 교수님은 육체노동자 집안에서 대학교수가 된 사람들과 육체노동자 집안에서 육체노동자가 된 사람들을 비교하는 연구를 했어요. 가장 명확한 차이점의 하나는 육체노동자 집안에서 대학교수가 된 그룹의 독서량이 훨씬 많았다는 점이에요. 자기 분야에서 성공한 사람들은 어릴 때부터 생각하는 힘과 표현력을 기른 덕분이며, 이 두 능력은 읽기로 길러진다는 것이 연구의 결론이에요. 연구 결과는 이 한 문장이었죠.

'성공하려면 일단 많이 읽어라.'

독해력을 키우는 비결 첫 번째는 쉬지 않고 읽는 거예요. 판다는 자는 시간을 제외하면 거의 온종일 대나무를 먹는다고 해요. 우리도 판다처럼 계속 읽어야 해요. 많이 읽어야 잘 읽게 되고, 잘 읽으면 더 많이 읽을 수 있거든요. 여기서 중요한 것은 스스로 읽어야 한다는 점이에요. 자발적으로 읽어야 읽기가 재미있고, 재미있어야 자꾸 읽게 되거든요.

많이 읽어야 어휘가 늘어나고 그래야 어려운 내용을 이해하는 능력이 생겨요. 또 어떤 부분이 중요하고 어떤 부분을 대충 훑어보고 넘어갈지를 바로바로 판단하는 능력도 생긴답니다.

읽고 싶은 것을 골라서 마음껏

여러분은 책들과 어떻게 만나나요? 아마도 부모님이 사주신 책들, 선생님이 꽂아놓으신 책들을 읽어왔을 것 같아요. 하지만 이제부터는 여러분이 직접 골라서 읽어야 합니다. 책도 직접 사러 가고요. 한꺼번에 여러 권 사지 말고 그때그때 읽고 싶은 책을 한 권씩 사서 읽어요. 그러면 책꽂이도 필요할 거예요. 여러분이 읽고 꽂아두는 전용 책꽂이를 마련하면 독서 욕심이 더 생길 거예요. 어떤 내용의 책을 선택해야 할지 고민되나요? 여러분이 읽고 싶은 책이면 됩니다.

곰과의 동물인 판다는 육식동물의 소화기관을 갖고 있다고 해요. 하지만 판다가 가장 좋아하는 것은 대나무이고, 거의 대나무만 먹고 살아요. 사람은 편식하지 말고 골고루 먹어야 건강하지만, 판다는 좋아하는 것만 먹고 살아도 영양 결핍 없이 잘 산다고 해요.

미국의 한 독서 전문가가 원하는 책 골라 읽기, (선생님이나 부모님이 정해주는) 읽어야 할 책 읽기, 문법 수업 책으로 공부하기의 세 가지 방법 중 어떤 것이 글쓰기를 배우는 데 효과적일지 연구했어요. 그 결과 '선생님이나 부모님이 정해주는 범위 안에서 골라 읽는 책 > 원하는 책 골라 읽기 > 문법 수업 책'의 순서대로 효과가 있었어요. 지정된 범위 안에서 골라 읽기의 효과가 가장 좋았던 것은 읽기 자료를 학생에게 도움이 되는 것으로 골랐기 때문이라고 해요. 자, 이제 어떤 책을 읽어야 할지 알겠죠? 정답은 여러분이 읽고 싶은 책이에요. 읽으면 좋은 책을 추천받되, 최종 선택은 여러분이 직접 하면 좋겠어요.

이야기책에서 지식을 전해주는 책으로

여러분이 인생 초반에 접한 책들은 어떤 특징이 있을까요? 대부분 아기였어서 기억하지 못하겠지만, 요즘 유아용 도서들을 보면 짐작할 수 있어요. 그림이 주가 된 동화책이겠죠. 심지어 어떤 책들은 글씨 없이 그림만 있는 책들도 있어요. 커갈수록 글씨가 많아지고 그림은 점점 줄어들다가 중학생이 되면 그림은 거의 사라지죠. 그리고 책의 내용도 점차 변해요. 처음에는 이야기책이 많지만 글씨를 읽을 수 있게 되고 학교에 들어가면 소위 '교양'이라고 하는 책들이 추가되죠. 과학, 사회, 역사 같은 책들로 사실을 '설명'해주는 책이에요.

공부에 도움이 되는 읽기 능력은 이런 설명문을 읽고 이해하는 데 있어요. 우리 주변에서 흔히 보는 거의 모든 글이 설명문이에요. 흥미로운 동화책을 주로 읽다가 갑자기 교과서 같은 딱딱한 설명문을 읽으려면 재미가 없어서 처음에는 적응하기가 쉽지 않습니다. 단어와 문장을 빼먹지 않고 읽어야 하는데 그 표현도 그다지 친절하지 않아요. 그래서 자칫 읽기 자체가 싫어질 수 있어요. 하지만 이 고비를 넘기면 설명문을 빠르게 읽고 제대로 이해해서 핵심을 짚어내는 능력이 생깁니다. 이 핵심을 머릿속에 잘 넣었다가 나중에 필요한 상황에 꺼내서 쓸 수도 있어요. 학생 여러분에게는 가장 흔하게 접하는 꺼내 쓰기가 시험이에요. 그러니 처음에는 익숙하지 않더라도 설명문 스타일의 책을 많이 읽어야 해요. 읽다 보면 익숙해지고 편해지는 순간이 옵니다. 그때 독해력도 쑥쑥 올라갑니다.

종이와 친해지면 생기는 일

코치 선생님이 아들에게 권한 비법도 알려줄게요. 선생님의 집은 거실에 늘 책, 신문, 잡지 같은 종이로 만든 내용물이 비치되어 있어요. 아들은 부모님이 항상 신문과 잡지 읽는 모습을 보면서 컸지요. 어느새 아들도 신문을 들여다보기 시작했고 자기 관심을 끄는 잡지를 구독하기도 했어요. 처음에는 어린이용 신문과 잡지를 읽었지만, 여기에 깊이에 한계가 있다는 점을 깨닫자 점차 부모님이 보는 신문, 잡지에서 흥미가 느껴지는 내용을 찾았어요. 특별한 주제를 다룬 전문잡지를 읽다 보면 모르는 단어를 추론해 읽게 되니, 시간이 지날수록 독해력이 좋아질 수밖에 없겠죠.

물론 요즘에는 신문과 잡지를 찾아보는 것보다 인터넷으로 검색해보는 편이 더 많은 정보와 최신 기사를 볼 수 있어요. 하지만 컴퓨터를 켜는 순간, 또 스마트폰을 드는 순간, 유튜브, 웹툰 등 다른 유혹도 너무 많죠. 거기다 인터넷에는 검증되지 않은 온갖 가짜 뉴스들이 넘치니 어떨 때는 읽지 않으니만 못한 결과를 낳을 수도 있어요. 신문과 책, 잡지는 모두 편집장, 교열 기자, 편집자 등의 전문가들이 검증한 내용이니 안심하고 읽을 수 있어요. 그러니 신문, 책, 또 잡지도 종이로 된 것과 친해지길 바랍니다.

1등급 독해력 키우기 비법2
반려견에게 읽어주기

책 한 권을 읽으면 기분이 어때요? 가장 먼저 부모님의 칭찬이 이어지죠? 어떤 친구들은 방학 때 책을 몇 권 읽으면 갖고 싶던 선물을 준다는 약속에 책을 읽기 시작하고, 또 어떤 친구들은 책을 다 읽으면 유튜브를 보게 해주겠다는 말에 책을 들어요. 여러분도 혹시 이런 경험 있나요? 이때 책이 재미있으면, 부모님과의 약속 같은 건 잊고 책에 빠져들겠지만, 그렇지 않을 때는 그냥 건성건성 대충대충, 부모님의 숙제 검사를 빠져나갈 대답을 할 수 있을 정도로만 읽죠.

이렇게 읽는 것은 정말 나쁜 습관이에요. 선생님은 여러분의 부모님이나 선생님 같은 어른들을 대상으로 글쓰기를 가르쳐요. 이

때 가장 많이 하는 말이 뭐냐면, "차분히 다시 읽어보세요"예요. 많은 어른들에게는 글을 읽을 때 몹시 나쁜 버릇이 나오곤 해요. 바로 띄엄띄엄 읽는 거죠. 문장 한 줄도 처음부터 끝까지 다 읽지 않아요. 중요하다 싶은 단어만 골라 읽기도 하고, 글자만 건성으로 읽죠. 이것은 어려서부터 읽기 습관을 잘못 들였기 때문일 수도 있고, 컴퓨터나 스마트폰 모니터로 읽느라 만들어진 새로운 습관이기도 해요. 주의 깊게 읽고, 쓰인 대로 내용을 파악하기보다 지레짐작하는 일도 아주 흔해요. 이런 습관이 어렸을 때는 그저 시험 점수가 나쁜 정도로 끝나지만(이건 학생 여러분에게는 가장 큰 일이기는 해요), 어른이 되어서는 큰 비즈니스가 얽혀 있는 업무를 망쳐버리거나 사기를 당하는 피해로 이어지기도 해요. 그러니 여러분은 사소하게 보여도 또박또박, 마침표까지 꼭 읽는 습관을 들여야 합니다. 처음에는 조금 느리더라도 이렇게 들인 습관은 평생 빛을 발합니다.

이런 습관을 들이는 데 도움이 되는 방법의 하나가 소리 내어 읽기입니다. 정확하게 읽되 적절한 속도로 내용을 이해하며 읽으려면 소리 내어 읽는 것이 좋아요. 그래야 빠르게 읽고 바르게 내용을 파악할 수 있습니다.

소리 내어 읽는 것은 글을 배우기 시작하는 애들이나 하는 것이라고 생각하는 친구도 분명 있을 거예요. 그렇지 않아요. 전체를 꼭 소리 내어 읽을 필요는 없지만, 선생님은 글을 읽을 때 특별히 중요하다 싶은 부분이 나오면 소리 내어 읽습니다. 눈으로는 문장을 읽고, 귀로는 내가 읽는 소리를 듣고, 손으로는 중요한 단어에 동그라미나 밑줄을 치면서 활용할 수 있는 모든 방법을 써요. 이렇게 하면 눈으로만 읽을 때보다 집중이 더 잘되고 이해도 잘됩니다. 나중에 필요할 때 떠올리기도 훨씬 쉬워요. 글을 소리 내어 읽으면 뇌 속의 관련 부위가 활발하게 움직여요. 그러면 정보를 처리하고 저장하는 데 도움이 되고요. 당연히 공부에도 도움이 되겠죠?

한글을 배우기 시작한 꼬마도 아닌데 혼자서 책을 읽으며 소리를 내는 게 아무래도 어색할 수 있어요. 또 소리 내어 읽는 게 막상 해보면 생각처럼 쉽지도 않고요. 처음에는 속도도 엄청나게 느려서 답답하게 느껴질 수 있어요. 그래서 이것도 연습이 필요해요. 읽다 보면 요령도 생기고, 또 효과를 직접 체감할 수도 있어요. 혼자서 소리 내어 읽기가 재미없다면 함께 읽는 방법도 있어요. 친구들끼리 모여앉아 읽기 게임을 해보세요. 돌아가면서 한 단락씩 읽되, 틀리게 읽으면 가장 먼저 알아차린 사람이 바로 그 부분부터 이어 읽기를 하는 거예요.

반려견, 반려묘에게 책 읽어주기

"앉아" "기다려" 이런 말을 하면 반려견들은 척척 알아듣죠. 그런데 진짜 알아듣는 걸까요? 최근 발표된 연구 결과에 따르면 실제로

개는 단어를 들었을 때 단어의 의미를 떠올린다고 해요. 코치 선생님이 이 연구에 따라 한 가지 방법을 추천할게요.

소리 내어 읽기를 할 때 부모님이나 선생님 앞에서 읽으면 은근히 긴장되잖아요? 잘 읽고 싶은 마음이 앞서면 실수할까 봐 걱정이 커지죠. 이럴 때 반려견이 있다면 반려견에게 읽어주세요. 반려견은 여러분이 자기에게 이야기하는 줄 알고 여러분에게서 눈도 떼지 않고 꿈쩍 않고 들어줄 거예요. 반려견에게 읽어주면서 소리 내어 읽기에 자신감이 생기면 더 잘 읽게 되겠죠? 반려묘에게 읽어주어도 되냐고요? 음… 고양이도 사람이 말하는 단어를 알아듣는지는 모르겠는데, 고양이는 한자리에 앉아 가만히 듣지는 않을 것 같아요. 그러면 고양이를 따라다니며 읽어주면 어떨까요?

나만의 맞춤형 단어장

"삼별초는 어디에 있는 초등학교예요?"

유명한 학원강사 선생님이 텔레비전에 나와서 한 우스갯소리예
요. 고려 시대 '삼별초'에 관해 가르치는 중에 한 학생이 이런 질문
을 한 거죠.

"○○시인이 요절했다"는 말을 하면 "작가가 손절당한 거냐?"고
묻는다는 이야기도 있어요. 참고로 젊은 나이에 죽는 것을 요절이
라고 해요. 이것이 요즘 흔히 말하는 "문해력이 달린다"는 걱정의
구체적 사례이지만, 선생님은 오히려 그렇게 질문할 만큼 상상력
이 기발한 데 감탄했어요.

63

모르는 단어를 발견하면 우리는 알고 있는 단어에 비춰 그 단어를 짐작해요. 아는 단어 중에서 비슷한 소리를 찾는 거죠. "시인이 요절했다고? 요절이 뭐지? '절'? '절'로 끝나는 말이 뭐가 있지? 아… '손절각' 할 때 그 손절?' 이런 식으로 추측하는 거죠. 그래서 '손절과 비슷한가?' 하고 짐작하는 식이죠. 물론 이것은 잘못된 추론이긴 하지만, 우리는 보통 이런 식으로 어휘를 늘려갑니다. 어휘를 배우는 이러한 방식은 아는 단어가 많아질수록 모르는 단어를 추측할 때 유리하겠죠? 결국 단어를 많이 알면 알수록 배우지 않은 단어도 쉽게 배울 수 있어요.

어휘력이 부자도 만든다

한 은행에서 이자를 많이 주는 예금상품을 내놓았어요. 요즘처럼 저금리 시대에 이자율이 높다니 당연히 많은 사람들이 가입했겠죠. 신문에 나온 한 사람의 사연인데요. 조건을 맞추면 1년에 이자를 5%나 준다고 해서 가입했는데, 막상 이자를 받을 때 보니 4.5%밖에 안 줬어요. 은행에 항의했지만, 설명을 듣고 나니 단돈 1원 때문에 이런 일이 벌어진 걸 깨달았어요. 목표 금액을 50만 원 '이하'로 설정하면 우대이율 0.5%포인트, 50만 원 '초과'로 설정하면 연이율 1.0%포인트를 주는 조건이었는데, 숫자만 대충 보고 예금액을 50만 원으로 입력한 거예요. 설명문을 주의 깊게 읽었더라면, 즉 1원만 더 입력했어도 50만 원 초과라는 조건을 충족해 이자를 더 많이 받을 수 있었는데 말이죠. 이 기사를 보고 선생님은 어휘력이 공부머리는 물론 부자머리도 좌우하는 도구가 된다는 데 다시 한번 놀랐다는 이야기입니다.

혹시 앞서 나온 '요절'이라는 단어를 몰랐거나 '초과' '이상'의 차이를 몰랐던 친구들은 지금 마음이 조급한가요? '이 책에 나오는 단어를 모르니 어휘력이 부족한가 보다' 하는 생각이 들지도 몰라요. 선생님은 단어를 얼마나 많이 아는가보다 적절한 단어를 확실하게 사용할 때 어휘력이 빨리 는다고 믿어요. 우리는 단어마다 명확한 하나의 의미를 갖는다고 생각하기 쉽지만 실제로는 쓰일 때마다 조금씩 다른 다양한 의미를 담은 단어들이 더 많아요. 그러니 단어를 정확하게 이해하고 제대로 사용할 때, 조금 느리더라도 어휘력이 더욱 풍부해져요.

글쓰기를 가르치는 사람인 선생님 역시 모든 우리 말을 알고, 또 정확하게 사용한다고 자신하지는 못해요. 비슷비슷한 단어도 많고 헷갈리는 표현들도 상당히 많아요. 지금도 신문이나 전문적인 책을 읽으면 모르는 단어가 제법 나와요. 이런 상황에 맞닥뜨리면 선생님은 적잖이 약이 올라요. 누구보다 잘 쓰고 싶고, 누구보다 그런 노력을 많이 한다고 자부하기 때문이에요. 그래서 나만의 사전을 갖고 있는데 지금도 계속 만들어 가는 중이에요.

단어장 만들기

영어든 수학이든 과학이든 교과서를 읽거나 공부할 때, 모르는 단어가 나오면 무조건 표시해요. 알쏭달쏭한 것은 세모표. 전혀 모르는 것은 네모표를 하고, 표시한 단어의 뜻을 찾아서 단어장의 한 장을 채우는 거예요.

1. 읽거나 쓸 때 헷갈리는 단어나 표현을 표시해둔다.

2. 카드에 손으로 쓴다.

3. 카드 한 장에 하나의 표현만 담는다

바치다: 부모님께 바칩니다

받치다: 한복을 받쳐입고

받히다: 소뿔에 받혀 다쳤다.

받다: 가지다. 부딪치다. 대들다.

좇다: 명예를 좇는 사람

쫓다: 쫓고 쫓기는 추격전
　　　파리를 쫓았다.

선생님은 발음이 비슷한 단어들을 하나의 카드에 담아 비교하는 단어장을 만들기도 해요. 이렇게 확인하고 정리하는 단어장 만들기는 어휘력을 쌓아가는 귀중한 자산이 됩니다.

1등급 독해력 키우기 비법4

배틀가로세로

'교과서적이다'라는 표현을 들어본 적 있나요?

교과서처럼 정확하고 자세하고 구체적으로 가르치거나 설명할 때 쓰는 표현이에요. 그런데 실제로 교과서는 이렇게 친절하지 않은 것 같아요. 교육방송에서 우리나라 중3 학생을 대상으로 조사해 봤더니, 대상자의 9%만이 스스로 교과서를 읽고 이해할 수 있다고 답했어요. 평가에 참여한 중3 학생 10명 중 9명이 교과서를 읽기 어려워했다는 것인데요. 선생님은 이 방송이 그다지 놀랍지 않았어요. 선생님이 최근에 살펴본 교과서는 초등 5, 6학년 것인데도 내용이나 표현이 결코 쉽거나 만만하게 느껴지지 않았기 때문이에요. 방송은 '교과서가 불친절하다'며 학생들이 모르는, 혹은 모를

67

만한 단어에 대한 설명이 없고, 한정된 지면에 축약된 내용을 다루는 바람에 추상적인 단어가 많으며, 탐구 활동 과제가 많은 것을 원인으로 분석했어요. 이처럼 여러분이 보는 교과서는 친절하지도, 자세하지도, 구체적이지도 않아서 여러분이 교과서를 이해하기 위해 참고서를 또 봐야 하죠. 학생 시절 배움은 교과서를 중심으로 진행되는데 이런 교과서를 잘 읽지 못하면 공부에 대한 호기심과 열의가 생겨나지 않는 것이 당연해요.

그런데 교과서를 바꾸는 일은 쉽지 않으니, 우리가 교과서를 좀 더 잘 이해할 수 있는 훈련이 필요하겠죠. 이제부터 그 방법을 살펴보려 합니다.

교과서 읽기가 어려운 이유 중 하나는 앞서 이야기한 것처럼, 이야기글이 아니라는 점이에요. 어려서부터 이야기글에 익숙해진 상태에서 과학, 사회, 도덕, 음악 같은 지식 정보가 많은 과목의 교과서를 접하면 단어는 물론 표현도 생소해 더욱 어렵게 느껴지죠. 이런 형식에 익숙해지지 않으면, 학년이 올라갈수록 더 많은 정보를 담기 때문에 더욱 어려워져요.

그런데 이보다 더 큰 문제는 '학습도구어'예요. 학습도구어는 최근 참고서업체에서 많이 다루는 소재로, 지식을 전달하고 배우고 이해하는 데 꼭 필요한 어휘를 말해요. '핵심' '주제' '전달' '표현'… 이런 단어들이 대표적인 학습도구어로, 코치 선생님이 글쓰기 수업을 할 때도 살펴보면 이런 학습도구어를 모르는 어른들이 의외로 많아요. 예를 들어 사회와 과학 과목에는 '인권' '영해' '영양소' '에너지'와 같은 많은 개념들이 담겨 있어요. 이런 개념어를 이해하고 기억해야 새로운 지식을 배우는 데 어려움이 없습니다.

교과서에는 학습도구어가 반드시 필요하니, 이를 먼저 익히고 공부할 필요가 있어요.

학습도구어로 십자말 문제 만들기

'배틀가로세로' 게임 해본 친구들 많죠? '배가세'라 부르는, 넷마블에서 서비스하는 실시간 십자말풀이 게임이에요. 이 게임은 십자말풀이의 온라인 버전인데, 게임도 즐기고 어휘력도 키우기에 참 좋아요. 선생님은 십자말풀이에서 한 걸음 더 나아가 여러분이 직접 십자말 퍼즐 게임을 출제하라고 권합니다. 이해하기 어렵고 외우기는 더 어려운 학습도구어로 십자말풀이 문제를 만든다면, 어휘력이 단번에 강해지겠죠. 십자말 퍼즐 문제를 만드는 것이 학생들의 어휘를 개발하는 재미있고 매력적인 방법이라는 연구도 있어요. 미국 국립학습장애센터에서 실시한 연구예요.

생각의 주인이 되는 세심한 읽기

학년이 높아질수록 교과서에는 지식을 담은 설명문이 많아집니다. 이야기글은 술술 읽어도 되지만 설명문은 처음부터 끝까지 자세히 읽어야 해요. 그래야 '이해-기억-떠올리기'가 잘됩니다. 어떻게 읽어야 자세하고 세심하게 읽기가 될까요? 선생님이 여기서 세가지 방법을 알려줄 테니 직접 시도해보세요.

문장구조 파악하며 읽기

모든 글은 문장이 기초입니다. 잘 읽히는 글은 3~5개의 문단으로 구성되고 하나의 문단은 문장들로 구성되어요. 문장구조를 파악하며 읽는다는 것은 문장에서 주어와 서술어, 목적어 등의 성분을 하나하나 표시하며 읽는 것을 말해요. 이렇게 하면 처음에는 읽는 속도가 느리겠지만, 내용에 관한 이해가 빨라지는 효과가 있어요. 익숙해지면 속도도 점차 빨라집니다.

주어와 서술어 표시하기

발명에 평생을 바친 노벨은 사람들이 자신을 바라보는 시선이 '죽음의 상인'밖에 되지 않는다는 것에 큰 충격을 받았습니다.

주어는 문장의 '주인'을 말하고 서술어는 주어인 문장 주인이 무엇을 '했다'는 행동이나 상태를 표현합니다. 이 문장에서 주어는 '노벨'이고 서술어는 '받았다'입니다. 이처럼 문장에서 주어와 서술어를 표시하며 읽으면 내용이 헷갈리지 않아요. 서술어가 타동사일 때는 목적어도 함께 찾으면 의미가 더 명확해지겠죠. 따라서 이 문장에서는 서술어인 '받았다'의 의미를 명확하게 하기 위해 목적어인 '충격을'도 찾아두면 좋습니다.

특히 긴 글을 읽을 때 주어와 서술어를 표시해두면 내용을 정확하게 파악할 수 있어요. 이 연습을 하다 보면 문장구조를 파악하는 눈썰미가 늘어서 글을 쓸 때도 주어와 서술어가 정확하게 연결되는 문장을 쓰게 되니 일거양득의 연습법입니다.

그런데 우리말에서는 주어를 생략하는 경우가 의외로 많아요. 아마 여러분이 주어와 서술어를 표시하며 읽다 보면 주어가 빠진 경우를 자주 볼 거예요. 이때는 주어가 있어야 할 자리에 주어를 꼭 챙겨 넣어봅시다. 그러면 의미전달이 확실해지거든요. 그 결과 더 빨리, 더 정확하게 내용을 이해할 수 있어요.

의미 덩어리로 끊어 읽기

단어가 모여 구절이 되고, 구절이 모여 문장이 됩니다. 그 문장이 모여 문단이 되고 문단이 모여 한 편의 글이 되죠. 한 편, 한 편의 글이 모여 한 권의 책이 되고요. 그래서 우리가 글을 읽을 때는 글자 하나, 단어 하나씩 읽는 것이 아니라 하나의 의미 덩어리를 읽어야 해요. 그래야 빠르고 정확하게 이해할 수 있어요. 설령 모르는 단어가 나오더라도 앞뒤 내용을 통해 짐작이 가능해지니 더 어려운 글도 이해할 수 있겠죠? 단어 하나씩 읽으면 이런 추론이 불가능하니 모르는 단어나 어려운 개념이 등장하면 읽기가 싫어지는 거예요.

노벨은 폭약의 한 종류인 다이너마이트를 발명해 인류 문명의 발전에 크게 공헌한 화학자입니다. / (중간생략) 발명에 평생을 바친 노벨은 사람들이 자신을 바라보는 시선이 '죽음의 상인'밖에 되지 않는다는 것에 / 큰 충격을 받았습니다. (중간생략) 노벨은 그동안 쌓은 막대한 재산을 이용해서 / 인류를 위해 힘쓴 사람들에게 상을 주기로 했습니다. (중간생략) 노벨이 죽은 지 120 여 년이 지난 지금, / 그의 유언으로 만들어진 노벨상은 / 세계에서 가장 권위 있는 상으로 인정받고 있습니다.

초등학교 6학년 도덕 교과서에 나오는 내용을 의미 덩어리별로 표시했어요. 초등학교 6학년이라면 '공헌'이라는 단어, '권위'라는 단어의 뜻을 몰라도 앞뒤 내용을 읽으면 대강의 뜻이 짐작되지요?

읽기는 앞에서 읽은 내용을 기억하면서 다음에 나오는 내용을 읽어가는 행위예요. 그래야 글의 의미를 완전히 이해할 수 있으니까요. 그런데 우리 두뇌는 너무 많은 것을 기억하지 못해요. 단어 하나하나가 아니라 의미 덩어리로 나눠서 읽어야 하는 이유예요.

많은 / 사람들이 / 독해력의 / 중요성에 / 관해서는 / 잘 / 알고 / 있지만 / 독해력을 / 어떻게 / 향상시켜야 / 하는지에 / 관해서는 / 막막함을 / 느낀다.

/ 표시한 대로 읽어보면 어때요? 이렇게 하나하나 끊어 읽으면 한 문장을 읽는 동안 두뇌가 15번을 기억해야 해요. 두뇌가 일을 많이 하면 빨리 피곤해지고, 그러면 집중력이 떨어져 읽기에 지장이 생길 수밖에 없어요.

많은 사람들이 독해력의 중요성에 관해서는 / 잘 알고 있지만 / 독해력을 어떻게 향상시켜야 하는지에 관해서는 / 막막함을 느낀다.

이렇게 덩어리를 나눠 읽으면 두뇌가 네 번만 기억하면 돼요. 그러면 두뇌가 내용을 더 빠르고 쉽게 받아들이고 이해할 수 있어요. 의미 덩어리로 끊어 읽는 연습을 할 때, 처음에는 작은 덩어리로 시작하는 게 좋아요. 익숙해지면 작은 의미 덩어리를 연결해 큰 의미 덩어리로 읽을 수 있게 됩니다.

의미 단위로 읽었는가를 확인하려면 포털서비스에서 제공하는 AI 대화창을 사용해봐요. 앞의 글을 의미 단위로 나눠달라고 주문하니 네이버 AI인 '검색큐'는 다음과 같은 답을 내놨어요.

노벨은 화학자다.

다이너마이트를 발명했다.

사람들은 노벨을 죽음의 상인이라고 생각한다.

노벨은 자신의 재산을 이용해 인류를 위해 힘쓴 사람들에게 상을 주기로 했다.

노벨상은 세계에서 가장 권위 있는 상으로 인정받고 있다.

어때요? 코치 선생님이 구분한 것과 차이가 있나요?

1등급 독해력 키우기 비법6
가짜를 걸러내는 3색 읽기

여러분, 반가운 소식과 반갑지 않은 소식이 있습니다.

먼저 반가운 소식부터 들어볼까요? 경제협력개발기구, 즉 OECD에서 실시하는 나라별 학업성취도 평가를 보니 우리나라 학생들의 실력이 꽤 좋은 편이라는 사실이 밝혀졌어요. 이제부터 반갑지 않은 소식인데요. 한국 학생들이 개인정보나 금융거래 정보를 요구하거나 금전을 이체하도록 하는 사기 수법인 피싱 이메일을 알아차리는 능력이 매우 부족하다는 안타까운 소식도 들려왔어요. 하지만 이것도 여러분이 아직 10대인 점을 고려하면 괜찮아요. 금방 극복할 수 있습니다. 이 책을 읽고 난 여러분에게는 피싱 이메일 가려내기 정도는 거뜬할 테니까요.

2012년 국제수학능력시험 결과에 의하면, 한국 학생들은 OECD 국가 중 수학 1위, 읽기 3위, 과학 4위를 차지했어요. 이 소식에 미국의 오바마 대통령을 포함한 세계의 지도자들과 국제기구는 한국의 교육이 성공적이라며 칭찬을 아끼지 않았어요. 하지만 한국 학생들이 사실과 거짓을 구분하는 능력이 떨어진다는 평가 결과가 알려지자 한국의 교육에 쏠렸던 관심이 단번에 시들해졌고, 오히려 우리 교육을 염려하는 목소리까지 나왔다고 해요. 다른 나라 교육 전문가들은 한국의 학업성취도 성적이 사교육으로 만들어진 것이라며 비꼬기도 해요. 쌓아 올린 모래성이라 언제 무너질지 모른다고 걱정을 빙자해 비아냥거리는 거죠.

왜 우리나라 학생들은 사실과 의견을 구별하는 데 어려움을 겪을까요? 왜 피싱 이메일을 알아보지 못할까요? 여러 가지 이유가 있겠지만 한국 학생들의 이러한 점은 비판적으로 읽고 이해하고 선택하는 능력이 부족해서라고 해요. 어렸을 적부터 책을 읽으면 좋다는 부모님의 성화로 인해 단순히 읽기만 했기 때문에 노력은 노력대로 들이고 그 효과는 보지 못하는 읽기를 해온 탓이겠지요. 하지만 아직 늦지 않았습니다.

사실과 의견 구분하며 읽기

드라마를 보다 보면 "합리적 의심이 든다"는 대사를 종종 듣습니다. 그래서 선생님도 가끔 집에서 이런 표현을 흉내 내곤 하는데, 여러분도 합리적으로 의심하는 습관을 들였으면 해요. 책에 쓰인 것이나 인쇄된 것은 무조건 믿는 습관보다 어떤 내용이든 쓰인 대로 정확하게 읽고 내 머리로 이해해 정리하고, 의혹이 드는 부분은 확인하고, 의문은 답을 찾아 정리할 때 비로소 그 내용의 주인이 되고 필요할 때 활용하기도 좋아요. 사실인지 의견인지 주장인지 구별하고, 근거가 있는지, 근거가 참인지 아닌지 살피는 읽기를 하다 보면 비판적 사고 습관이 자리 잡을 거예요.

이렇게 쓰인 글을 읽을 줄 알면 우리가 글을 쓸 때도 사실과 의견을 구분해서 적절하게 쓸 수 있어요. 사실과 의견을 구분하는 연습 방법을 공개합니다. 세 가지 색 볼펜으로 사실과 의견을 표시하며 읽어보세요. 아래처럼요.

1. 사실에는 파란색 표시를 한다.

사실은 실제로 있었던 것을 말한다. 객관적이라서 누가 봐도 내용이 달라지지 않는다.

2. 글쓴이의 의견에는 빨간색 표시를 한다.

의견이란 어떤 대상이나 일에 관한 생각을 말한다. 주관적이라서 사람에 따라 다르게 느껴지기도 한다.

3. 글을 읽는 독자인 나의 의견은 녹색으로 쓴다.

이렇게 하면 글이나 책이 알록달록해지겠죠? 이렇게 읽는 것만으로도 내용에 주의를 기울이게 되고, 이것이 누적되면서 사실과 의견을 가려 읽는 능력을 자연스럽게 키울 수 있어요. 이런 연습에 정답지가 따로 없지만, 내가 제대로 했는지 알아보려면 친구들과 함께 해서 서로 비교해보면서 토론하거나 AI에 물어보는 방법도 있어요.

인생책 만나기

우리나라에서 가장 큰 서점인 교보문고에서 최근 10년간 가장 많이 팔린 소설책을 쓴 작가가 누구일까요? 정답은 일본 작가 히가시노 게이고입니다. 《나미야 잡화점의 기적》《용의자 X의 헌신》같은 재미난 추리소설을 써서 일본과 한국에서 아주 많이 팔렸죠. 그동안 쓴 책 100권쯤 되고 팔린 책은 모두 1억 권쯤 된다니, 작가로 책을 쓰는 코치 선생님도 부러워요. 성공의 비결이 뭘까요?

히가시노 게이고 작가는 인터뷰에서 이렇게 이야기했어요.

"어렸을 때 저는 책을 잘 읽지 못했습니다. 그 시절의 저조차도 재미있게 읽을 수 있도록 쓰려고 노력했습니다. 그것이 많은 사람에게 받아들여지는 이유 중 하나라고 생각해요."

　작가들은 대체로 어릴 때부터 책을 좋아한 사람이 많은데 뜻밖이죠? 히가시노 작가가 초등학교 때의 일이었어요. 국어 성적이 별로라 담임선생님이 어머니를 불러 만화만 읽을 게 아니라 책도 읽을 수 있게 지도해달라고 부탁했어요. 그러자 어머니가 답하길 "만화도 안 읽어요." 아니, 그 재미난 만화책조차 읽지 않던 그가 어떻게 이렇듯 재미난 소설책을 썼을까 점점 더 궁금해지죠?

　이 모든 것의 비결은 어떤 책 한 권 덕분이라고 합니다. 고등학교 시절 고미네 하지메의 소설 《아르키메데스는 손을 더럽히지 않는다》를 읽으며 추리소설에 관심을 갖게 되었고, 이때부터 무턱대고 추리소설을 썼다고 해요.

　〈벼랑 위의 포뇨〉〈이웃집 토토로〉〈하울의 움직이는 성〉〈센과 치히로의 행방불명〉을 좋아하는 친구들 많을 거예요. 이런 작품을 만든 애니메이션계의 거장 미야자키 하야오 감독님도 책 읽기를 좋아하는데 의외로 이런 주장을 했어요.

　"책을 읽으면 생각이 깊어진다는 생각은 그만해도 될 것 같아요. 책을 읽어서 훌륭해지느냐 하면, 그런 일은 없으니까요. 독서란 어떤 효과를 바라고 하는 건 아니에요."

책 읽기는 거의 효과 없고, 대신 '나한테는 이 책이 최고야' 하는 무척 소중한 책 한 권을 만나는 것이 훨씬 중요하다고 강조하셨죠. 히가시노 게이고 작가가 꽂힌 그 한 권처럼 그런 책을 만나는 것이 얼마나 소중한가를 강조하는 거예요. 명탐정 셜록 홈스를 탄생시킨 영국의 작가 아서 코난 도일도 같은 말을 했어요.

"정말 좋은 책을 몇 권 소장하고 삶을 시작하는 것은 대단히 훌륭한 일이다."

인생책 만나는 113 비법

900년의 역사를 자랑하는 영국 옥스퍼드 대학교에서 언어학을 가르치는 조지은 교수님은 이 학교 입학처장으로도 7년 동안 일했어요. 이 명문대에 입학하려는 지원자들이 쓴 자기소개서를 엄청 많이 보았는데, 그중에는 자기소개서에 책을 많이 읽었다고 강조한 학생도 적지 않았다고 해요. 이런 지원자를 면접에서 만나 읽은 책에 관해 물어보면 정작 자기 생각을 말하지 못하는 경우가 많았어요. 조지은 교수님은 지원자가 책을 많이 읽었는지는 모르겠지만 제대로 읽지는 않은 것 같다고 하면서, 책을 무조건 많이 읽는 것보다 단 한 권이라도 자기 인생에 의미 있는 책을 갖는 것이 훨씬 중요하다는 것을 알게 되었다고 해요.

'인생책 만나는 113 비법'은 선생님이 쓴 책《부자의 독서법》에서 '부자머리를 만드는 책 읽기 방법'으로 제시한 것이에요.

> **'한 권의 책을 읽고**
>
> **일주일 안에**
>
> **세 가지 방법으로 표현한다.'**

인생책을 만나려면 일주일에 한 권의 책을 읽는 속도가 좋아요. 이보다 빠르면 대충 읽게 되고, 이보다 느리면 책 내용을 기억하기가 힘들어지기 때문이에요. 책을 읽는 다음에는 일주일 안에 읽은 내용을 내 것으로 만들어야 하는데. 세 가지 방법으로 꺼내는 거예요. 여기서 세 가지 방법이란 읽은 내용에 관해 말하고, 쓰고, 실행하는 것입니다.

읽은 내용에 관해 말하려면 내용을 정리해야겠죠? 책 한 권 분량의 내용을 핵심 위주로 정리할 때는 책을 덮는 게 우선이에요. 그리고 다음 질문에 답하며 책에 관한 생각을 떠올려보세요.

내용 : 무슨 내용의 책인가?

특징 : 책의 어떤 점이 인상 깊었나?

소감 : 다 읽고 나니 무슨 생각이 드는가? 어떤 느낌이 생겼나?

다짐 : 이 책에서 말하는 것 가운데 한 가지만 내 것으로 만든다면?

질문에 답하며 생각을 만들고 그 생각을 연결하면 세상에 둘도 없는 여러분만의 글이 탄생하는 거예요. 참고로, 이렇게 만든 글은 맞는지 틀렸는지 판단할 수 없어요. 책을 읽고 든 내 생각, 내 느낌이니 무조건 옳은 거예요. 이렇게 정리한 내용을 친구나 부모님, 반려동물에게 말로 전해봐요.

세 가지 방법 중 마지막 한 가지는 '이 책에서 말하는 것 가운데 한 가지만 내 것으로 만든다면?'에 대한 답으로 생각한 것을 실행하는 것입니다.

읽는 힘은 양손잡이로 길러진다

"책이나 글을 읽을 때 가장 큰 방해물은 뭘까요?"

여러분은 공부할 때 어떤 방법을 주로 사용하나요? 인터넷 강의? 대면 강의? 참고서는 디지털인가요, 종이책인가요? 우리나라 학생들은 학교에서 공부할 때 하루 평균 2시간 넘게 노트북 같은 디지털 기기를 사용한다고 해요. 다른 나라의 학생들에 비해 12분 더 길다고 하죠. 그런데 수업 중 디지털 기기를 활용하는 시간이 길수록 수학 성적이 좋지 않다는 결과가 나왔어요. 우리나라 학생이 노트북이나 태블릿을 사용하는 시간이 1시간 늘어날 때마다 수학 점수가 800점 만점에 3점씩 떨어졌다고 해요. 다른 나라의 경우 2

점씩 떨어지는 것과 비교하면 낙폭이 더 크죠.

또 이런 연구 결과도 있어요. 수업 중 디지털 기기의 알람을 끄는 것만으로 수학 점수가 27점이나 높게 나왔다고요. 또 밤에 잠자리에 들 때 알람을 끈다고 답한 학생들이 수학 점수가 16점 더 높았다고 해요. 수학 문제를 풀 때는 차분히 진득하게 생각하며 문제를 해결하는 과정이 중요한데 디지털 기기를 사용하거나 수시로 디지털 기기가 보내는 알람에 신경 쓰다 보면 주의 집중력이 떨어지기 때문이라고 보는 거예요.

종이 대 모니터

우리나라는 수업 중에 AI 디지털 교과서를 도입하는 작업이 한창 이루어지고 있어요. 그런데 어떤 나라들은 다시 종이책을 사용하는 방식으로 돌아간다고 합니다. 디지털 교과서를 사용하려는 이유로는 학생들에게 맞춤형 학습 기회를 제공할 수 있기 때문이라는 뉴스를 봤어요. 한편 종이책을 다시 사용하는 이유는 디지털 기기가 아동의 문해력에 악영향을 끼치기 때문이라는 뉴스도 나왔죠? 이 두 가지 뉴스가 동시에 들려오니, 도대체 뭐가 정답인지 알쏭달쏭하기만 합니다.

미국의 나오미 배런이라는 학자는 종이책을 읽는다고 깊이 있는 사고가 보장되는 것은 아니라고 주장합니다. 종이책도 산만하게 읽으면 머리에 남는 것은 거의 없을 테니까요. 또 디지털 기기를 통해 검색하고 동시에 링크를 눌러가며 읽는 방식도 거스를 수 없는 변화라고 인정하지요. 이랬다, 저랬다 하는 것 같죠? 결론을 말하면 이 학자는 디지털 기기든 종이책이든 장점이나 단점만 있는 것이 아닌 만큼, 어떤 목표를 가지느냐에 따라 그에 맞게 종이책이나 디지털 기기를 선택하는 것이 중요하다고 강조해요. 예를 들어 읽는 목적이 소통을 위해서라면 종이책이 낫고, 읽기에 재미를 붙이도록 하는 게 목적이라면 디지털 책이 좋다는 식이죠. 종이책은 깊이 읽기가 가능하고 디지털 기기는 얕은 읽기라서 이 둘 사이를 오가는 균형이 필요합니다. 나오미 배런은 어느 하나를 선택하고 하나를 포기하기보다 오른손과 왼손을 다 사용하는 양손잡이처럼 디지털 기기와 종이책을 다 사용하라고 조언해요.

타이핑 대 손글씨

그러면 타이핑과 손글씨 쓰기는 어느 쪽이 좋을까요?

워싱턴대학교의 버지니아 버닝거 심리학과 교수님은 초등학교 4학년부터 중학교 3학년까지, 학년당 각 100명의 학생을 대상으로 실험했어요. 특정한 내용을 동영상과 음성파일로 공부하기, 인쇄물 읽으며 공부하기, PC 등 키보드로 써가며 공부하기, 손글씨로 공부하기로 나눠 어떤 방법이 효과적인지 실험했어요. 그 결과 손글씨로 한 아이의 성적이 가장 좋았어요. 다른 방법으로 공부한 아이들은 학습 능력이 떨어질 뿐만 아니라 주의력결핍, 과잉행동 장애 같은 학습장애 발생비율이 2배 이상 높았다고 해요.

많은 전문가가 종이에 글씨를 쓰는 동안 아이의 뇌가 자란다고 주장합니다. 버닝거 교수님 역시 누르기만 하면 완성되는 키보드나 터치패드와 달리 손글씨는 뇌를 끊임없이 집중시키기 때문에 이 방법이 효과적이라고 강조해요. 손글씨로 단어 하나를 쓰는 것은 정확한 철자 한 획 한 획은 물론, 글자 크기에도 집중하게 만들며 다음 철자를 어디서 시작해야 할지, 어디서 띄어야 할지를 끊임없이 계산하고 집중하는 과정입니다. 따라서 쓰는 사람의 생각도 발전할 수밖에 없다고 하죠. 인디애나대학교 카린 제임스 교수님은 손글씨 쓰기 습관을 들이지 않은 아이에게 인쇄물과 태블릿으로 정보를 보여주고 뇌를 스캔했더니, 정보가 머릿속에서 뒤죽박죽돼 있더라는 충격적인 결과를 보여줬어요.

손글씨 쓰기 연습을 하면 산만함이 줄고 인내심이 길러지며, 집중력을 높이는 효과를 발휘해 성적 향상이라는 결과를 가져온다는 것이 이 분야를 연구해온 전문가들의 한결같은 결론이에요. 손글씨를 자주 쓰면 글씨체가 안정되어 손글씨로 답안을 써야 하는 중요한 시험에서 채점하는 선생님에게 좋은 첫인상을 줄 수 있어요. 글씨가 엉망이라 읽기 힘들면 내용이 얼마나 우수한지 알 수가 없으니 아무래도 평가에 지장이 있겠죠.

양손잡이가 정답

종이책과 디지털 책, 둘 중 하나를 선택할 필요는 없습니다. 이 둘은 서로 다른 장점을 가졌으니 어느 한쪽을 선택하기보다는 용도에 따라 종이책과 전자책을 각각 선택해 읽는 지혜가 필요해요.

선생님 역시 가벼운 읽을거리는 스마트폰으로 그 외에는 종이책으로 양손잡이 독서를 하고 있어요. 여러분도 양손잡이 읽기를 기억했다가 학교에서는 디지털 교과서로 수업하고 공부하고, 집에서 공부하기나 숙제할 때, 그리고 좋아하는 책을 읽을 때는 종이책으로 해보면 어떨까요?

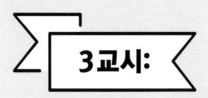

3교시:

평생 무뎌지지 않는 사고력 키우기

우리가 스스로 글을 쓰는 것을 가치 있게 여기지 않는다면,
우리는 스스로 생각하는 방법을 모르는 지경에 이를 수 있습니다.
이렇게 되면, 설령 AI에 일자리를 빼앗기지 않더라도
아주 중요한 것을 잃게 될 것입니다.

−제인 로젠츠바이크 하버드대 글쓰기센터 소장

읽는 힘은 생각하는 힘,
생각하는 힘은 쓰는 힘

문해력은 [읽기 × 생각하기 × 쓰기]라는 공식으로 작동된다고 앞서 이야기했어요. 이 공식에서 가장 중심은 생각하기예요. 읽을 때도 생각하며 읽어야 하고 쓸 때도 생각하기가 우선이에요. 생각하는 능력이 없으면 읽기도 쓰기도 불가능해요.

코치 선생님이 글쓰기 수업을 할 때 가장 많이 하는 말도 "다시 생각해보세요"예요. 왜냐하면 아빠와 엄마들도 생각하기를 너무 싫어하기 때문이에요. 생각한다면서 주로 하는 것이 고민하기일 때가 많습니다. 고민하면서도 답이 나올 수는 있어요. 하지만 고민은 '어쩌지?' '어떻게 하면 되지?' 하고 괴로워하는 걸 말해요. 반대로 생각하는 것은 생각해야 할 이유에 관해 자료를 찾고 정리해 이유에 맞는 답을 만드는 걸 말해요.

예를 들어 선생님이 "인간이 자연과 조화를 이루며 발전할 수 있는 실천 방안을 글로 써오세요"라는 숙제를 주셨을 때 고민하는 친구들은 이런 식으로 동동거리기만 할 거예요.

"어떻게 하지? 어쩌면 되지? 인간이 자연과 조화를 이룬다고? 그런 어려운 걸 어떻게 할 수 있어? 도대체 뭐부터 해야 하는 거야? 선생님은 무슨 이런 숙제를 내주냐."

생각하는 친구들은 달라요. 생각 스위치를 딸깍 올리지요. 우선 책이나 인터넷으로 인간이 자연과 조화를 이루며 발전한다는 내용을 찾아봐요. 전문가들이 쓴 글이나 대담 등도 살펴보죠. 아빠와 엄마의 생각은 어떤지 물어보기는 친구들도 있을 거예요. 이렇게 모은 자료를 정리해요. 그중에는 이해하기 힘든 것도 있고, 전문가 수준이라 실천하기 불가능한 것도 있어요. 어쩌면 여러분이 이미 하고 있는 일이 있을 수도 있고요. 수집한 자료들이 제각각이지만 한 가지쯤 공통점이 있을 수도 있죠? 이렇게 자료를 찬찬히 살피다 보면 여러분의 머릿속에서 새로운 생각들이 만들어질 거예요. '아하, 이렇게 하면 되겠구나.' '이런 것은 어떨까?' 그 생각들을 하나하나 정리합니다.

어때요? 고민하기와 생각하기는 하늘과 땅 차이처럼 다르지요? 매번 이렇게 생각하기를 실행하면 어느새 여러분의 머리가 생각하기에 능숙하게 바뀌고, 그러면 생각하기가 필요할 때 머리 아프거나 불안하지 않겠죠?

이 글을 유심히 읽은 친구들은 눈치챘을 거예요. 생각하기 위해 자료를 찾으려면 읽어야 하고, 이유에 맞게 답을 만들려면 생각해야 하며, 만든 답을 정리하려면 써야 하겠죠? '생각하기' 속에도 문해력 공식이 돌고 있어요.

그래도 여전히 '생각하기'가 막막하게 느껴진다면, 이제부터 선생님이 알려주는 9가지 비법을 차근차근 익혀봐요. 이 방법들을 알면 여러분도 생각의 달인이 될 수 있어요.

생각이 보이면 공부는 저절로

여러분은 어른이 되어 어떤 직업을 갖고 싶어요? 10대들 좋아하는 직업은 조사할 때마다 매번 바뀌기는 하지만, 책을 쓰는 시점에서 조사한 직업 선호도 결과를 보면 BTS 같은 아티스트, 손흥민 같은 체육인, 스타 유튜버가 상위권에 랭크되었어요. 그런데 부모님의 경우 의사, 판검사, 교수 같은 고학력 직업을 우선 권하죠. BTS, 손흥민, 스타 유튜버… 이 직업을 가진 사람들에게 가장 돋보이는 능력이 무엇일까요? 의사, 판검사, 교수가 되려는 사람들이 갖춰야 할 능력과 다를까요? 아마도 여러분은 '엄마 아빠는 우리 마음을 모른다'고 생각하는 부분이 분명 있을 거예요. 그런데 선생님의 의견을 들으면 여러분의 생각도 조금 달라질 거예요.

여러분과 부모님이 희망하는 직업에서 갖춰야 할 공통점은 생각하는 힘, 즉 사고력에 있어요. 체육인은 뛰어난 운동신경이 가장 중요하지만, 경기에 임하는 전략을 짠다든가, 자신의 장점을 살리고 단점을 극복하기 위해 훈련하는 데는 생각하는 능력이 매우 중요해요. 아티스트 역시 남다르게 생각하는 건 기본이지요? 유튜버는 영상을 만들기 위해 기획부터 대본, 촬영까지 혼자서 해야 할 일이 많아요. 이를 위해서 사고력은 필수예요. 다시 말해, 사고력을 갖춰야 부모님이 원하는 직업뿐 아니라 여러분이 원하는 직업에서도 두각을 나타낼 수 있어요.

생각이 보이면 공부는 저절로 된다

'생각은 항상 하고 있는걸.' 여러분 중에 방금 이렇게 생각한 사람이 반드시 있을 거예요. 물론 우리 머릿속은 항상 이 생각, 저 생각, 생각으로 가득 차 있어요. 그런데 생각하기가 쉽다면 왜 생각하기의 중요성을 그렇게 강조할까요? AI가 우리 인간처럼 할 수 없는 일 중에 대표적인 것이 생각하기라고 해요. 생각하기가 어려운 이유 가운데 하나는 생각이 형체도 없고 방향도 없고 무엇보다 머릿속에서 일어나기 때문에 진득하게 집중하기도 어렵죠. 확인하기도 어렵고 통제하기도 거의 불가능하고요. 생각하는 능력으로 큰돈을 버는 사람들도 생각하기의 이러한 특성 때문에 괴롭고 힘들기는 마찬가지였다고 토로합니다. 하지만 그들은 이런 어려움을 극복하고 끝내 생각의 달인이 되었어요. 그 비결은 바로 생각을 눈에 보이게 만든 것이에요.

'어떻게 하면 학생들을 공부에 열정적으로 만들 수 있을까?'
'어떻게 하면 학생들의 생각이 깊어지게 만들 수 있을까?'

하버드대학교는 이 질문에 대한 답을 찾으려 했어요. '하버드 프로젝트 제로'라는 프로그램은 학생들이 스스로, 즉 자기주도적으로 공부하게 돕는 것이 목표예요. 이 프로그램은 '생각이 보이면' 공부는 저절로 된다는 믿음에서 출발했어요.

수업을 듣고 교과서를 읽고 숙제하고 시험을 보고… 여러분 같은 학생들이 하는 활동은 생각하기가 핵심이고, 생각하기는 머릿속에서 일어나는 일이잖아요. 머릿속에서 일어나는 일은 눈으로 볼 수 없고요. 게다가 10대인 여러분은 아직 두뇌가 자라는 단계라 주의를 집중하는 것도, 충동적인 성향을 다스리는 것도 쉬운 일이 아니에요. 학생들의 공통된 이런 특성을 고려해 하버드대학교가 생각을 눈에 보이게 만들어주고자 한 프로젝트예요.

생각을 보이게 한다는 일이 가능할까요?

알고 나면, 생각을 보이게 하는 방법이 참 간단해 보여요. 자, 한

번 상상 해봐요. 눈을 감고. 앞에 레고 블록이 있다고 칩시다. 캠핑카를 만들게 설명해줄게요. 캠핑카를 구성하는 다양한 블록이 많아요. 예를 들어 트렁크 같은 수납공간이 필요하고, 자동차이니 헤드라이트도 달아 불을 켤 수 있어요. 운전자 피겨도 있어요. 이렇게 설명하면 저마다 이런저런 이미지가 떠오르고 생각이 떠올랐다 사라질 거예요. 그런데 눈앞에 실제 블록이 있고 이 블록들을 눈으로 보면서, 손으로 만져가면서 이런 설명을 듣는다면 어떨까요? 블록들을 어떻게 조립해 어떤 결과물이 나올지 단번에 알 것 같지 않아요? 생각을 눈에 보이게 한다는 것은 레고 블록들을 눈으로 보고 손으로 만지며 조립 설명을 듣는 것과 같아요.

그러니까 생각을 눈에 보이게 한다는 것은 머릿속에서 뭔가가 떠오르면 그것을 단어나 문장 한 구절, 또는 기호나 간단한 그림으로 눈에 보이게 잡아두는 것을 말해요. 종이나 노트, 모니터 화면, 스마트폰 메모장에 하나하나 쓰고 그려두면 내가 무슨 생각을 하는지 알 수 있어요. 이렇게 머릿속의 것을 꺼내서 정리해두면 이것을 연결하고 잘라내고 부족할 경우 추가하는 식으로 조립하기가 무척 쉬워요.

어때요? 설명을 듣고 보니 생각을 잘하게 되는 비결, 생각을 보이게 하는 방법이 의외로 쉽고 간단하죠?

내 머리로 공부하는 습관 만들기

공부를 잘하려면 공부머리가 필요하듯, 아빠와 엄마가 일을 잘하려면 일머리가 필요해요. '알잘딱깔센'이라고, '알아서 잘, 딱 깔끔하고 센스 있게' 일하는 것을 일머리가 좋다고 표현합니다. 일머리가 좋은 사람은 자기 머리로 생각해요. 일머리가 나쁜 사람은 남이 생각해놓은 것만 쫓아다녀요. 그래서 일머리가 없는 사람은 애써 일하고도 인정받기 힘들어요.

공부머리도 생각이 좌우합니다. 학교에서 배운 것을 내 머리로 생각해 이해하지 못하면 모르는 것이 쌓여요. 배우는 것이 많지 않을 때는 달달 외우면 그것만으로도 점수를 얻을 수 있었어요. 하지만 진도가 나갈수록, 학년이 올라갈수록 이해하지 못하고 넘어간

것들이 발목을 잡아 모르는 것투성이가 되어버려요. 배운 것을 내 머리로 이해하지 못하면 숙제도 하기 어렵고 시험문제도 풀기 어려워요. 그러면 엄마의 표정이 일그러지고 목소리는 높아지죠. 다녀야 할 학원이 더 늘어날 수도 있어요.

학원을 많이 다니면 생각하는 힘이 길러질까요? 학원에서는 문제를 반복해서 풀며 선행학습을 하는 경우가 많아요. 문제를 제대로 풀지 못하면 학원 선생님이 문제 푸는 방법을 친절하게 알려주죠. 그것을 보고 있으면 마치 내가 문제를 푼 것처럼 여기게 돼요. 하지만 그 문제를 푼 것은 학원 선생님이에요. 그런데도 나는 공부를 했다고, 문제를 많이 풀었다고 믿게 돼요. 그런 방식에 익숙하니까 공부 했다고 믿지만, 실제로는 내 머리로 공부하지 않았어요. 그 결과 시험을 봐도 좋은 성적을 얻을 수 없어요. 핵심은 내 머리로 생각하고 내 머리로 공부하는 습관을 만드는 것이라는 사실, 명심하기 바랍니다.

서툴러도 틀려도 내 생각은 내 머리로

머리가 복잡할 때 수학 문제를 푸는 사람들이 의외로 많다고 해요. 이는 답이 정해진 문제를 푸는 것만큼 쉬운 일이 없기 때문이라고 하니, 수학이 어려운 사람들에게는 정말 놀라운 발상이죠. 수학은 정답이 명확해서 같은 답을 내면 정답으로 인정받습니다. 하지만 만약 논술이라면 어떨까요? 같은 답을 내면 누군가의 답을 베꼈다는 오해를 받을 수 있겠죠. 이는 더 창의적으로 문제를 해결하는 방법을 찾기 위한 과제이기 때문에 남과는 다르면서도 사람들의 고개를 끄덕이게 만드는 답을 내야 좋은 평가를 얻을 수 있어요.

OECD에서 운영하는 피사(PISA)라는 프로그램이 있어요. 세계 여러 나라 15살 학생들의 학업성취도를 평가하고 연구하는 프로그램으로, 우리나라는 읽기·수학·과학 등의 과목에서 해마다 좋은 성적을 얻고 있어요. 평가 방법은 우리에게 친숙한 방식도 있지만 매우 놀라운 문항도 있어요. 그중 하나가 '주어진 어떤 자료를 보고, 주이진 문제에 관해 왜 그렇게 생각하는지 자신의 의견을 쓴다'는 것이에요. 주관식인 이 문항에 정해진 답은 없어요. 다만, 자신이 말하는 의견이 분명하고 그 이유가 설득력 있으며, 문제의 내용에서 벗어나지 않는다면 모두 정답으로 인정된다고 해요.

우리나라에서는 이런 식의 평가가 드물죠. 채점이 공평하려면 채점 기준이 누가 봐도 인정할 만해야 하니까요. 피사의 이런 평가는 문항을 읽고 제대로 이해하는 능력, 문항이 요구하는 것을 설득력 있게 글로 쓰는 능력을 모두 요구해요. 한마디로 내 머리로 생각하지 않으면 절대 통과할 수 없는 문항이라는 사실을 꼭 기억하길 바랍니다. 달라도 좋고, 틀려도 좋으니 맨 먼저 내 머리로 생각하는 습관을 만들어봅시다.

믿기 전에 확인하기

네이버가 찾아준 결과물이나 챗GPT가 알려준 내용은 어떤 사람들이 생각한 것을 수집해 정리한 것들이에요. 만일 이런 내용을 만들어 온라인 공간에 올린 사람들이 처음부터 생각을 잘못했다면, 그 결과물도 틀린 것이겠죠? 그 사람이 가짜 정보를 진짜인 줄 믿고 이를 재료 삼아 생각했다면 결과물 역시 가짜에 불과해요. 그러니 네이버든 구글이든 챗GPT든, 남이 하는 말, 남의 생각은 묻고 따지고 걸러야 해요. '진짜일까? 정말일까? 왜 그렇지?' 하며 확인하는 자세가 필요하다는 뜻이에요. 이렇게 하는 것을 '합리적으로 의심한다'고 해요. 평범하게 말하면 확인하는 것이죠. 어떤 정보를 찾았을 때 다시 한번 그 정보의 진위를 확인하는 과정을 거치면서 '생각하는' 거죠.

1등급 사고력 키우기 비법3
묻기 전에 생각하기

"펜 내려놓고 생각해!"

수학 일타강사로 꼽히는 손승연 선생님은 강의할 때 이런 말을 자주 해요. 대뜸 풀이부터 하기보다 먼저 생각한 다음 풀라고 강조하는 거죠. 그 이유는 이렇다고 해요.

수능 시험은 사고능력을 평가하는 것이라서 국어든 수학이든 문제를 읽고 '출제자의 의도'를 파악할 수 있어야 한다. 생각하는 힘이 부족하면 의도를 제대로 파악하지 못해 결국 정답을 맞힐 수 없다. 그러니 수능에서 어떤 문제가 나와도 차분히 풀려면 생각하는 힘이 탄탄해야 한다.

답을 틀리면 기분이 나빠지는 것은 누구나 다 똑같아요. 좋을 리 없죠. 하지만 우리 두뇌는 틀릴수록 성장한다고 해요. 옥스퍼드 대학교의 조지은 교수님은 딸이 틀린 수학 문제를 끙끙대며 다시 매달려 마침내 풀었을 때, 이런 조언을 했어요.

"방금 무슨 일이 있었는지 아니? 문제를 풀지 못했을 때 네 뇌가 자랐어. 네가 정답을 맞혔을 때는 뇌에 아무 일도 일어나지 않아. 자라지 않는 거지."

실제 시험을 치르는 사람의 뇌를 MRI로 촬영하면, 문제를 맞혔을 때보다 틀렸을 때 뇌가 더 활성화되면서 성장이 촉진된다고 해요. 아마 여러분 가운데 틀리면 안 된다는 생각에 틀릴 게 뻔하면 도전조차 하지 않는 학생이 있을지도 몰라요. 그런데 이런 태도는 매우 위험해요. 아무리 노력해도 자기는 결국 해내지 못하며, 힘들게 노력해야만 하는 건 자신에게 능력이 없다는 증거라는 잘못된 생각을 주입받게 되기 때문이에요. 풀기 쉬운 문제, 답하기 편한 질문만 찾으면 누구나 정답을 맞힐 수 있고 그래서 누구나 기쁘겠죠. 하지만 이런 문제에만 익숙해지면 공부가 시들해진다고 해요.

틀리는 것을 두려워 말자

자기 머리로 생각하는 습관을 기르려면 궁금한 것이 생겼을 때 우선 스스로 답을 찾아보는 것이 중요해요. 선생님이나 부모님께 물으면 답은 쉽게 얻겠지만, 내 머리는 생각할 틈이 없어져요. 질문하기 전에 책이나 인터넷으로 찾아보고 알아보는 습관을 길러봐요. 이 과정을 통해서 궁금증이 대체로 해소되겠지만, 여전히 답이 무언지 잘 모르겠거든 그때 질문하도록 해요.

이런 이유로 코치 선생님은 강연이나 수업을 할 때 질문에 답해주는 데 굉장히 인색해요. 어떤 질문이든 듣는 즉시 되돌려줘요. 한번은 이런 질문을 받았어요.

"코치님의 책 254쪽 3번째 줄에 오타 있습니다. '적확하게'는 '정확하게'를 잘못 쓴 것 아닐까요?"

이런 질문 받으면, 답은 간단해요. '아니요, 잘못 쓴 것 아닙니다.' 하지만 '예, 아니요'로 답해주고 말면 질문자에게는 아무 배움도, 생각도 일어나지 않아요. 그래서 선생님은 이렇게 되물었어요.

"사전에서 '적확하게'라는 단어를 한번 찾아보시겠어요?"

사전을 찾아본 질문자는 이렇게 말했죠.

"찾아보니 '적확하다'는 '정확하게 맞아 조금도 틀리지 아니하다'라는 뜻이네요. '정확하다'보다 훨씬 강한 표현이에요."

아마 이 질문자는 앞으로 적확하다는 표현을 써서 말하거나 글을 쓸 거예요. 그의 뇌에 '적확하다'는 개념이 자리 잡았기 때문이죠. 이는 남의 생각을 묻기 전에 자기 머리로 생각한 끝에 찾아보았기에 가능한 일이에요. 자기 머리로 생각하는 힘을 기르려면 무슨 문제든 맨 먼저 자기 머리를 사용해 답을 찾아보길 바랍니다.

요약하기 연습

요약 서비스가 크게 유행하고 있습니다. 카카오톡도 말풍선 요약 서비스를 하고 있어요. '안 읽은 대화 요약하기' 아이콘을 누르면 읽지 않은 말풍선 약 40개를 세 문장으로 요약해준대요. 정보가 넘쳐나는 세상에서 요약 글만 찾아 읽다 보니 이런 서비스까지 나오나 봐요. 유튜브 2배속 영상도 지루해하는 사람들을 위해 15~20분 짜리 영상을 AI가 글로 빠르게 요약해주는 스마트폰 앱도 있어요. 구독하는 유튜브 채널에 새 콘텐츠가 공개될 때마다 4~5줄의 개요와 요약문을 제공하는 앱도 있고요. 영상 전부를 재생하지 않고도 내용을 파악해 인기를 끈다고 해요.

과일 한 조각에 설탕 시럽을 입힌 다디단 탕후루를 먹으면, 마치

맛의 요약 서비스를 받는 것 같아요. 그런데 탕후루를 자꾸 먹다 보면 치아가 썩고 살이 찌기 쉽듯이, 10분 넘는 영상이 지루하다고 숏폼 위주로 보거나 긴 글을 읽기 귀찮다고 요약글을 읽다 보면 두뇌에 좋을 리 없어요. 자극이 약하거나 속도가 느린 것에는 좀체 반응하지 않는 뇌로 바뀔 수 있기 때문이에요. 전문가들도 빨리감기나 요약 위주로 콘텐츠를 접하면 뇌 발달과 정신건강에 악영향을 미칠 수 있다고 한목소리로 경고해요. 문해력이 떨어지는 건 말할 것도 없고요. 마크롱 프랑스 대통령은 "틱톡은 젊은이들 사이에서 심리적으로 가장 큰 지장을 주는 네트워크다"라고 말하기까지 했어요.

여러분은 혹시 이런 말을 들어봤어요?

최선의 방어는 공격이다.

선생님은 이 문제의 해결책으로 공격적인 방법을 제안합니다.

탕후루처럼 요약 글만 읽으면

요약문을 읽는 사람이 아니라 요약문 쓰는 사람이 되는 거예요. 미국 최고의 명문 하버드대는 최근 모든 교과목에서 요약하기 능력을 키우도록 수업 방침을 바꾸었어요. 요약하는 것이 중요한 이유는 생각하는 능력을 키워주기 때문이에요. 요약은 단순히 20줄

짜리 글을 서너 줄로 바꾸는 것이 아니에요. 20줄에 담긴 핵심을 반영해야만 요약했다고 할 수 있죠. 그러려면 원문을 깊이 있게 읽고 분석해서 글이 전하고자 하는 바를 찾아내야 해요. 읽고 나서 계속 생각해야만 가능한 작업이죠.

여러분도 인터넷에서 자료를 찾다 보면 이런 경험 있을 거예요. 특정한 키워드를 입력해 검색해서 몇 개를 읽어봤는데 내용이 너무 똑같아요. 이것은 누군가가 한 말을 출처를 밝히지 않고 옮겨놓은 글이에요. 인터넷에는 이런 똑같은 복제 콘텐츠들이 수없이 많아요. 복제가 많이 된 콘텐츠일수록 우수한 콘텐츠일 가능성이 커요. 좋은 것은 자기 것처럼 포장하고 싶은 마음은 다 같으니까요. 여러분 역시 그렇게 할 수 있어요. 하지만 잊지 말아야 할 것은 다른 이가 쓴 글이나 책은 그 사람이 남긴 생각의 발자국이라는 점이에요. 그 발자국대로 따라가기만 한다면 결국 발자국 주인이 생각하는 대로만 생각하게 되는 거예요. 나만의 생각이 자라날 겨를이 없어요. 그러니 우리는 남이 한 생각을 담은 글을 읽고 나만의 생각 발자국을 남겨야 해요. 이것이 '요약 능력'이에요.

탕후루는 인기가 시들어 이제 거의 사라졌어요. 몸에 좋지 않으니 오래 갈 리 없죠. 요약된 글만 읽는 습관도 오래 두면 안 되겠죠? 이참에 긴 글 제대로 읽고 거침없이 요약하는 습관을 들여보세요.

이제 선생님이 요약하기 연습 비법 공개합니다.

거침없이 읽고 핵심을 파악하는 3단 요약기술

어떤 내용을 요약한다는 것은 내용을 잘 파악하고 이해했다는 증거입니다. 요약하기는 3단계로 간단하게 할 수 있어요.

먼저 내용을 읽고 핵심을 뽑아요. 글의 제목과 부제목, 작은 제목, 도입부와 마무리 부분을 주의 깊게 읽으면 어렵지 않게 핵심을 파악할 수 있어요. 핵심 아이디어는 한 줄로 뽑아요. 이렇게 한 줄이 뽑혔다면, 다음으로 핵심 아이디어를 뒷받침하는 세부 아이디어를 파악해요. 아무래도 핵심 아이디어보다는 가짓수가 좀 더 많겠죠? 이렇게 아이디어를 다 정리하면 마지막으로 이들 아이디어를 간추려 요점을 만들고 자신의 말로 표현하면 됩니다.

다시 정리해보죠.

1. 핵심 아이디어를 추린다.

2. 세부 아이디어를 파악한다.

3. 자신의 말로 요약문을 쓴다.

다음 글은 2017년 선보인 미국항공우주국(NASA)의 3D 프린터에 관한 글들을 재구성한 것으로, 이 소재의 글은 교과서에도 실려 있습니다.

NASA는 우주인이 화성 탐사 임무를 수행할 때 간단히 음식을 만들어 먹을 수 있도록 '3D 프린터 요리사'를 개발했다. 이 요리사는 '셰프 3D'라고 불리며 다양한 피자를 6분 만에 만들 수 있다. 원하는 반죽과 소스, 치즈 종류를 선택할 수 있을 뿐만 아니라, 모양도 자유롭게 정할 수 있다. 한편 실제 요리사들의 손놀림 영상을 학습해 따라 하는 주방 로봇의 설계도 이루어져 상용화를 앞두고 있다고 한다. 이 로봇은 20여 개의 모터, 20여 개의 관절, 그리고 100여 개의 센서를 갖고 실제 사람의 손맛을 구현해 낼 수 있다. 로봇에 내장된 터치스크린은 물론 스마트폰의 애플리케이션으로도 요리 수행 명령을 할 수 있으며, 조리법을 계속 업데이트할 수 있어 새로운 요리도 늘려갈 것으로 보인다.

이 내용을 3단계로 요약해볼까요?

✎ 1단계: 핵심 아이디어 추리기

화성에서 피자를 만들어 먹을 수 있을 정도로 3D 프린터 기술이 발달했다.

✎ 2단계: 세부 아이디어 파악하기

1. NASA는 우주에서 3D 프린터로 간단히 음식을 만들어 먹도록 '3D 프린터 요리사'를 개발했다.

2. 그 이름은 '셰프 3D'로, 원하는 피자의 모양은 물론 반죽, 소스, 치즈 종류를 선택해 단 6분 만에 뚝딱 만들어낸다.

3. 실제 요리사들의 손놀림을 학습한 주방 로봇도 상용화를 앞두고 있다.

✏️ 3단계: 요약문 작성하기

NASA가 개발한 3D 프린터로 화성에서 피자를 만들어 먹을 수 있게 되었다. 6분 만에 맛도 모양도 다양한 피자를 만들 수 있다. 실제 요리사들의 손놀림을 학습한 주방 로봇도 곧 등장할 것으로 보인다.

좀 더 본격적으로 연습해볼까요? 부모님이 보는 신문에 실린 내용으로 요약하는 연습법을 공개합니다. 사실 신문 기사는 '논리적인 글'의 끝판왕이기 때문에 글 자체는 딱딱하고 어렵게 느껴질 수 있어도, 요약 연습을 하기에는 제격이에요. 특히 요즘 신문 기사는 인터넷판에서 세 줄 요약 서비스를 제공하고 있어요. 기사를 읽고 세 줄 요약글을 쓴 다음 신문사에서 제공한 요약문과 비교해보면 혼자서도 요약하기 연습이 거뜬해요.

1. 기사 내용을 소리 내어 읽는다.

2. 3단계로 정리해 세 줄 요약글을 쓴다.

3. 인터넷으로 제공되는 세 줄 요약문과 내가 쓴 요약문을 비교하고 점검한다.

요약하기는 쉽고도 어려워요. 내용 일부를 그대로 옮겨서 연결하는 것을 요약하기로 알고 있다면 무척 쉽게 느껴지죠. 하지만 이렇게 하는 것은 짜깁기지 요약하기가 아니에요. 요약하기는 내용을 충분히 이해하고, 핵심이 되는 내용을 3줄로 정리하는 것인데, 이때 정리한 내 생각을 내 문장으로 표현해야 해요. 배운 것, 읽은 것을 요약하는 연습을 꾸준히 하면 3시간 끙끙대는 공부를 30분 안에 할 수 있는 메타인지 능력이 길러질 거예요. 코치 선생님이 보장합니다!

사고력을 망치는 요약 연습

요약연습을 할 때는 제대로 쓴 글을 대상으로 해야 해요. 제대로 쓴 글이란 주제가 분명하고 짜임새 있게 쓴 글, 전문가가 편집한 글, 이 두 가지 조건을 충족하는 것이에요.

전문가가 편집한 글이란 편집자라는 전문가가 글이 의도한 대로 쓰였나 점검하고, 사실 여부를 확인하고, 틀린 부분이나 잘못 쓰인 문장과 단어 등을 수정해 완성한 글을 말해요. 신문사나 출판사에서 만들어낸 콘텐츠가 여기에 해당해요. 그래서 요약 연습용 글로 여러분에게 교과서에 실린 글이나 신문에 실린 칼럼을 추천합니다.

발췌는 요약이 아니다

요약은 긴 글을 단순히 짧게 만드는 것과 달라요. 핵심, 즉 전체 내용에서 가치 있는 부분을 정확하게 가려내 정리하는 거예요. 또

한 요약할 때 여러분의 의견을 더해서도 안 돼요. 요약글은 원문보다 분량이 훨씬 짧으면서 원래의 의미를 유지해야 해요. 몇 개의 중요한 문장만 뽑아 이어붙인 것도 요약이 아니에요. 다시 쓰는 게 요약의 특징이라는 점 잊지 마세요.

코치 선생님은 글쓰기 수업에서 요약 연습을 할 때 분량을 정해 놓고 엄격하게 체크해요. 원래 글과 비교해 요약된 분량이 적을수록 연습이 더욱더 효과적이에요. 짧게 요약하려면 그만큼 더 표현에 신경 써야 하기 때문이에요. 이 방법은 4교시 문장력 수업에서 더 자세히 다룰 거예요.

메타인지 능력 키우기

'풀다가 막힌 수학 문제를 사진으로 찍어 올리면 풀이와 답변을 5초 내외의 빠른 시간에 제공합니다.'

AI 기반 학습 플랫폼에서 제공하는 서비스인데, 한해 전 세계인 800만 명이 이용한다고 합니다. 수학 문제 풀이 숙제용으로 이용하면 편할 것 같죠? 여러분이 이 책을 읽을 때쯤이면 또 어떤 AI 서비스가 여러분의 공부를 대신해 준다고 할까요?

한 학습 전문가는 AI가 공부를 대신해 줄 미래가 곧 오며, 그때가 되면 학생들이 공부에서 해방될 것이라는 말을 하기도 했어요. 이 얼마나 반가운 소리인가요?

그런데 우리가 힘들고 어렵더라도 지금 공부를 하는 것은 지식을 바탕으로 문제해결 능력을 키우는 데 그 목적이 있어요. 미래에 우리 앞에 닥칠 다양한 문제를 해결하고 더 나은 삶을 살기 위한 기초를 닦는 거죠. AI에 우리 삶을 대신 살게 할 수는 없잖아요. 그렇다면 내가 스스로 공부하는 수밖에 없는데, 이때 쉽고 빠르게 좋은 성적 얻고 싶다는 마음은 학생이라면 누구든 가질 거예요. 부모님 역시 같은 마음이겠죠. 그런데 '상위 1%' 수준의 공부 잘하는 학생들은 그런 것을 꿈도 꾸지 않는다고 해요. 미국 컬럼비아대학교 버나드 칼리지의 메리사 손 교수님은 쉽고 편하게 공부해 뭔가를 빨리 이루는 일이 가능하다고 여기는 착각이 30분이면 끝날 공부를 3시간씩 잡고 있게 한다고 안타까워했어요.

공부머리의 핵심은 꺼내기

리사 손 교수님이 상위 1% 학생들의 공부 습관을 연구한 결과 그 비법을 공개했어요.

공부 잘하는 학생은 메타인지가 뛰어나다.

공부를 못하는 학생들의 공통점 가운데 하나가 자신이 잘 모르는 것도 안다고 착각하는 점이에요. 막상 다각도로 집요하게 질문

받다 보면 안다고 생각했을 뿐, 실제로 아는 것이 별로 없다는 사실을 깨닫게 되죠. 반대로 공부를 잘하는 친구들은 배운 것을 자신이 진짜로 아는지 스스로 점검할 수 있어요. 점검한 결과에 따라 공부 방법과 공부 방향을 설정해 보완하는데, 이것이 바로 메타인지 능력이에요. 내가 제대로 공부했는지 점검하고 그에 맞춰 보완하기, 이 두 가지가 제대로 작동해야 공부머리를 가졌다고 할 수 있어요.

그러면 공부한 것을 아는지 모르는지 어떻게 하면 알 수 있을까요? 리사 손 교수님은 "공부한 것을 꺼내 보면 아는지 모르는지 판단되고, 이러한 노력부터가 공부를 잘하게 돕는다"고 하셨어요. 앞서 존 던로스키 교수님이 꼽은 최고의 공부법에 관해 이야기했었는데, 기억나요? 공부한 내용을 이해하고 기억하는지 테스트하거나 공부한 것을 시간 두고 다시 공부할 때, 즉 꺼내는 공부를 할 때 효과가 가장 좋다고 했죠.

그러면 이제 공부를 제대로 했는지 아닌지 꺼내는 방법을 배울 필요가 있습니다. 꺼내는 공부는 배운 것을 요약하는 것입니다. 이 과정을 반복적으로 연습하면 모르는 것이나 안다고 착각한 것은 바로잡고, 아는 것은 더 확실하게 기억 속에 자리 잡게 할 수 있어요. 이 방법은 교육방송에서도 소개한, 공신(공부의 신)들이 너도나도 최고로 꼽는 공부법이기도 해요.

1. 떠올려 쓰기

배운 것이나 안다고 생각하는 것을 쓴다.

교과서, 참고서, 교재나 노트를 덮고 떠올려 쓴다.

2. 표시하기

잘 모르는 부분은 표시하고 건너뛴다.

3. 확인하기

떠올려 쓴 내용과 실제 배운 내용을 비교하며 확인한다.

빠진 부분, 잘 모르겠다며 건너뛴 부분은 빨간색으로 보완한다.

4. 다시 공부하기

빨간색 부분을 다시 공부한다.

주의해야 할 것은 배운 것과 아는 것을 떠올리며 쓰는 동안, 아리송한 게 있더라도 커닝을 하면 절대로 안 된다는 점이에요. 그러면 모르는 것이 순간 아는 것처럼 믿게 되거든요.

머릿속 생각 꺼내기

6초짜리 BTS 안무 동영상을 여러 번 보여준다.

따라 할 수 있다고 생각하는 학생을 강단에 올라오게 한다.

춤을 추게 한다.

미국 예일대 심리학과 안우경 교수님은 수업 첫 시간을 이렇게 시작한다고 해요. 몇몇 학생이 아주 자신만만하게 강단에 올라온다는데, 과연 그 학생들은 BTS 춤을 얼마나 잘 따라 할까요? 자신만만하게 올라온 것과 달리 이들의 춤솜씨는 아주 엉망이라고 해요. 이런 사례를 드는 교수님이 하고 싶은 말은 이것이에요.

"BTS 안무를 반복 시청한 학생들은 BTS처럼 춤출 수 있다고 여긴다. 어떤 내용을 자주 접하면 익숙해지고, 익숙한 것을 잘 알거나 잘할 줄 안다고 착각하기 쉬운데 이것이 공부나 일을 망치는 지름길이다."

여러분도 이런 경험 많을 거예요. 학원에서 선행 학습하고, 학교에서 배우고, 또 학습지나 학원에서 문제 풀고… 이렇게 같은 내용을 여러 번 접하다 보면 익숙해지잖아요? 그러면 잘 안다고 여기게 되죠. 그런데 막상 시험을 봤을 때 점수가 좋다면 다행이지만, 그렇지 않으면 어떻게 해야 할까요?

안우경 교수님의 친절한 해결책도 들어볼까요?

"안다고 생각하는 것, 할 수 있다고 생각하는 것에 관해 글로 써보라."

글로 쓰면서 비로소 제대로 알고 있는지 최종적으로 점검할 수 있어요. 그런데 바로 앞에 다섯 번째 비법으로 소개한 '떠올려 쓰기'와 어떻게 다른지 헷갈리는 친구들이 있을 것 같아요. 앞서 떠올려 쓰기는 '요약'에 해당하고 여기서 쓰는 것은 아는 것을 가지고 '글짓기'를 하는 거예요. 다시 말해 요약하기가 남의 생각을 요약하는 연습이었다면, 이번 연습은 배운 것에 관한 내 생각을 내 글로 쓰는 한 차원 높은 연습이에요.

아는 것에 관해 말과 글로 표현하는 것을 '언어화'라고 해요. 언어화할 줄 아느냐가 메타인지 능력을 높이는 중요한 열쇠가 되고, 메타인지 능력이 높으면 모든 면에서 좋은 결과를 낼 수 있게 돼요. 30분 공부하고도 3시간 공부한 이상의 효과를 낼 수 있는 거죠. 언어화 기술은 읽고 생각하고 표현하는 문해력 루틴(습관화하거나 지속하고자 하는 행동) 그 자체이기 때문이에요. 문해력은 공부머리에 요구되는 필수능력이고요.

진짜 아는지 글로 써보기

언어화 과정을 통해 자신이 무슨 생각을 하는지를 들여다볼 수 있게 되어 더 명확하고 깊은 사고가 가능해져요. 읽은 것을 말과 글로 요약하고 전달하는 과정에서 독해력이 향상되고요. 언어화 능력이 높으면 자기 생각이나 느낌을 상대방에게 제대로 전할 수 있으니 친구나 선생님, 부모님과 의사소통도 더 잘할 수 있겠죠? 반면 언어화 능력이 떨어지면 배운 것을 말과 글로 표현하기 힘들뿐더러 생각이나 느낌을 밖으로 표현하기도 불가능하죠.

수업 시간에 선생님이 한 질문에 아무도 대답 못 하던 중에 한 학생이 대답해서 칭찬을 받았어요. 그런데 듣고 보니 나도 알고 있는 내용이었던 적 없나요? 대답한 친구와 대답하지 못한 친구의 차이가 바로 이 '꺼내기'를 할 줄 아느냐의 차이예요.

아무리 좋은 내용을 읽고, 듣고, 공부해 머릿속에 집어넣고 저장하더라도 그것을 말과 글로 표현하고 요점을 전달할 수 없으면 의미가 없어요. 언어화 능력이 떨어지면 메타인지가 안 되고, 그러면 스스로 공부하기가 불가능해요. 이뿐만인가요? 의사소통 능력도 뒤처지는 등, 전반적으로 난감한 상황이 벌어지는 거예요.

생각이나 느낌, 배운 것을 말과 글로 꺼내는 언어화에 강해지면 어떤 한 가지 생각을 끈질기게 할 수 있어요. 생각은 형체가 없기에 여차하면 사방팔방으로 튀어나가요. 생각과 느낌을 머릿속에 그대로 두면 처음과는 다른 생각으로 변하게 되는 경우도 흔해요. 그런데 생각과 느낌을 글로 붙잡아두면 사라지지도 변하지도 않는답니다. 붙잡아둔 생각과 느낌을 다듬다 보면 그 과정에서 새롭고 좋은 생각이 생겨나는 일도 흔히 벌어집니다. 이것을 더하면서 계속 다듬다 보면 생각이 자꾸자꾸 펼쳐져요. 처음과 비교해 훨씬 매끄럽고 신선하고, 그래서 훨씬 가치 있는 생각이 되어갑니다. 다음 글에서 언어화 능력을 키우는 비법을 알려줄게요.

생각 근육 키우는 언어화 연습

- 무슨 생각을 하는지 잘 모르겠다.

- 내 느낌이 뭔지 모르겠다.

- 의견이 제대로 전달되지 않는다.

- 설명이 길다.

- 글을 쓸 때 시간이 오래 걸린다.

- 글을 쓰면 쓸수록 내용이 복잡해진다.

여기에 해당사항이 많을수록 언어화가 잘 안 되는 상태예요. 자기 생각과 느낌을 알아차리는 것이 잘되지 않아서, 그리고 그것을 언어로 표현하는 데 서툴기 때문에 겪는 증상들이랍니다.

언어화하는 능력을 키우는 방법은 생각보다 간단합니다.

생각이나 느낌, 배운 것과 아는 것을 언어로 드러낼 때 적용해야 할 규칙은 단 하나, 완전한 문장으로 쓴다는 것입니다. 예를 들어 유튜브를 보다가 코치 선생님의 책 《일머리 문해력》 관련 강의를 보게 되었다고 해요. 문해력에 관심이 생긴 터라 '아빠에게 이 책을 사게 한 다음 나도 봐야지' 하는 생각이 여러분에게 들었어요. 이런 생각을 잡아둘 때

일머리 문해력

유튜브

아빠 = 문해력

이렇게 단어로만 표현하면 나중에 봤을 때 내가 무슨 생각을 했는지 제대로 전달되지 않아 흐지부지되기 쉬워요. 그 대신

'아빠에게 《일머리 문해력》 책 사자고 할 것, 아빠 읽은 다음 나도 읽고 아빠 와 대화하기로 하자.'

이렇게 메모하면 어때요? 생각을 문장으로 담는 동안, 내가 무슨 생각을 하는지가 분명해지고 그것을 문장으로 쓰면서 또 한 번 각인되죠.

'문장'에 해당하는 영어 단어인 sentence는 라틴어 '생각, 의견, 판단'이라는 뜻의 '센텐티아'와 뿌리가 같아요. 그래서 문장 쓰기는 생각하기 그 자체라고 해도 과언이 아니에요. 문장을 통해야만 생각이 가능하고, 문장을 읽으면 생각이 활성화됩니다. 문장을 쓰면 그 생각이 명확하고 구체화돼요. 그러니 생각을 언어로 잡아둘 때는 반드시 문장을 담아내도록 해봐요.

1등급 사고력 키우기 비법7

똑똑한 사람들의 생각 방아쇠,
질문하기

〈막걸리가 알려줄 거야〉

이 문장은 영화 제목이에요. 주인공인 동춘이는 초등학교 4학년
인데 국영수는 기본, 창의과학, 태권도, 미술, 코딩, 페르시아어까
지, 빽빽한 학원 스케줄에 하루가 모자랄 지경이에요. 그런데도 엄
마는 영어학원을 추가하려고 해요. 이런 사실이 반갑지 않은 동춘
이는 영어를 왜 배워야 하는지 영어 선생님에게 물어보죠. 그러자
선생님은 "그건 엄마에게 물어봐야 하지 않을까?"라고 다시 질문
을 돌려줍니다. 하지만 질문을 받은 엄마는 "그건 영어 선생님께 물
어봐야겠지?"라고 해요. 결국 아무도 답을 알려주지 않아요. 동춘

이는 어떻게 해야 이 궁금증을 해결할 수 있을까요?

코치 선생님이 이 영화 이야기를 꺼내는 것은 질문하는 능력이 일과 삶을 좌우한다는 것을 강조하고 싶어서예요. 그런데 우리 사회는 그동안 질문하는 방법보다 정답을 만들고 제시하는 기술만 주로 가르쳤어요. 실은 부모님이나 선생님도 질문하는 법을 배우지 못했어요. 동춘이는 아직 초등학생이라서 어쩔 수 없더라도, 엄마와 영어 선생님이 대답 회피했던 이유는 질문할 줄 모르고, 또 제대로 갖춰지지 않은 질문에 어떻게 답해야 할지 알 수 없었던 것일지도 몰라요. 다행히 요즘에는 질문만 잘하면 AI가 대답을 척척 빠르게 줘요.

자 그럼 AI가 여러분이 원하는 답변을 내놓을 수 있도록 AI에 질문하는 비법을 공개합니다.

세상의 모든 질문, 육하원칙

삼성, 현대, LG 같은 대기업들은 자체적으로도 위기를 극복하는 아이디어를 짜는 팀을 가지고 있어요. 하지만 이런 일을 하는 전문가들에게 도움을 청하기도 해요. 바로 세계적인 컨설팅기업들이죠. 여기에는 그야말로 어려움에 처한 기업은 물론, 기관, 국가의 문제를 해결할 전문적인 조언과 전략을 만들어주는 '컨설턴트'라고 하는 능력자들이 있지요. 문제를 해결하는 데 도가 트인 이 생각의 달인들은 질문이라는 방아쇠를 애용해요.

보통 사람들은 이런저런 생각 끝에 결론을 내요. 그런데 생각의 달인들은 결론부터 만들어요. 그런 다음 그 결론을 받아들이도록 설득하는 작업을 해요. 그래서 해결책을 빨리 만들 수 있는 거예요. 그렇다면 문제의 해결책이 될 만한 결론을 먼저 만들어야 하겠죠? 결론은 문제를 파악하고, 핵심 원인을 찾고, 그 원인을 해결할 방법을 찾는 과정으로 만들어져요. 이런 과정의 맨 처음을 여는 게 바로 질문이에요.

그래서 질문을 방아쇠라고 한답니다. 이 방법은 우리 두뇌가 작동하는 방식에 근거한 것이에요. 우리의 두뇌는 질문을 받으면 신경계가 저절로 자극되어 뇌세포가 자동으로 활동한다고 해요. 두뇌는 질문을 받으면 무조건 대답해야 한다고 여겨 자신도 모르게 대답이 튀어나오기도 한다니까요. 그중에서도 생각을 주무기로 삼는 컨설턴트들은 해답을 척척 끌어내는 마법의 질문 도구를 활용해요. 바로 육하원칙입니다. '누가/언제/어디서/무엇을/어떻게/왜'의 질문이죠.

'내겐 성실한 하인 여섯 명이 있다네. 내가 아는 모든 것은 이들에게서 배운 것이네. 하인들의 이름은 Why What How Who When Where라네.'

작가 러디어드 키플링이 쓴 시의 일부예요. 그의 말처럼, 정말이지 이 여섯 가지 의문사만 있으면 못할 게 없습니다. 경영컨설턴트들이 사용하는 기본도구인데 무척 쉽고 아주 간단해서 오히려 그 가치가 평가절하되는 편이죠. 이 육하원칙은 영어의 머리글자를 따서 5W1H라고도 불려요.

어떤 내용의 전체를 알게 하는 도구

다시 영화의 주인공인 동춘이의 고민으로 돌아가 볼까요?

동춘이는 영어학원에 다녀야 하는 이유를 몰라 영어 공부에 몰입이 되지 않아요. 만일 동춘이가 코치 선생님 옆에 있다면 선생님은 육하원칙으로 생각해보게 할 거예요.

왜 Why	왜 영어학원에 다녀야 할까?
무엇을 What	영어학원에서 무엇을 배울까? 학교에서 배우는 것과 다른가?
어떻게 How	학원에서는 영어 공부를 어떻게 할까?
누가 Who	학원에서 영어는 누구에게 배울까?
언제 When	지금 영어학원을 다녀야 하는 이유가 뭘까?
어디서 Where	영어 공부를 꼭 학원에서 배워야 할까?

질문 내용이 꽤 구체적으로 변했죠? 이렇게 질문 하나하나에 답

을 찾아가다 보면 영어를 왜 배워야 하는지, 학원을 왜 다녀야 하는지, 전체적인 파악이 가능해질 거예요. 그러다 보면 동춘이가 궁금해했던 영어학원에 다녀야 하는 이유에 대한 답도 얻을 수 있고요. 이처럼, 어떤 내용을 육하원칙으로 정리하면 내용 전체를 빠짐없이 파악할 수 있어요.

메타인지 능력을 키우는 도구

공부를 아주 잘하는 친구들은 메타인지 능력이 뛰어나다는 공통점이 있어요. 육하원칙 도구를 활용해 스스로 질문을 던지고 답을 하다 보면 내가 어떤 내용을 알고 어떤 내용을 모르는지, 아는 것은 어느 수준으로 아는지 스스로 파악할 수 있어요. 또 질문에 답하고 답을 확인하는 과정에서 내용에 집중하게 되잖아요? 그러니 육하원칙으로 배운 것을 점검하는 방법은 메타인지 능력을 키우는 것은 물론 배운 것을 확실하게 내 것으로 만드는 데도 아주 효과적이에요.

원래 육하원칙은 신문 기자들이 사실을 확인할 때 사용하는 도구예요. 여러분이 온라인에서 발견한 뉴스가 사실인지 아닌지 확인하는 데도 육하원칙은 유용해요.

왜 Why   이 정보를 왜 만들었을까?

무엇을 What	이 정보가 의도한 것은 무엇일까?
누가 Who	이 정보는 누가 만들었을까?
어떻게 How	이 정보는 어떤 방식으로 만들었을까?
언제 When	이 정보는 언제 만들었을까?
어디서 Where	이 정보가 생산된 곳은 어디일까?

논리적 사고, 창의적 사고 돕는
삼하원칙

문제해결을 위한 생각하기에는 여섯 가지 질문이 탁월하지만, 그중에서도 특히 세 가지를 눈여겨봐야 해요. 바로 '무엇을, 어떻게, 왜'로, 이 세 가지만으로도 논리적 사고가 가능해요.

무엇을 what	무슨 일이 벌어졌나?
어떻게 how	어떻게 해야 할까?
왜 why	왜 그래야 할까?

이 방법은 세계적인 컨설팅기업 맥킨지 앤드 컴퍼니에서 쓰는 방법으로 이미 검증을 마쳤어요. 맥킨지의 신입사원들은 입사해서 처음 이 방법을 배울 때 '비-우산-하늘'로 배워요. 무슨 말인가 하면, 여러분에게 엄마가 이렇게 말씀하신 것을 떠올려봐요.

"우산을 가져가렴. 하늘을 보니 비가 금방 쏟아질 것 같거든."

이것을 삼하원칙으로 정리하면

what: 비가 올 것 같다.

how: 우산을 가져간다.

why: 하늘에 먹구름이 잔뜩 끼었다.

어때요? 쉽죠? 어떤 주장을 하거나 설명할 때 이렇게 '비-우산-하늘'을 떠올리면 삼하원칙을 제대로 구성할 수 있어요. 예를 들어볼까요?

여러분이 유명한 일타강사의 글쓰기 강의를 들으려고 해요. 온라인 강의인데 지금 사용하는 스마트폰은 화면이 작아서 내용을 보기가 힘들어요. 특히 글쓰기 강의는 글로 쓴 내용을 유심히 봐야 하니까요. 그럴 때 부모님에게 무조건 스마트폰을 새로 사달라고 하면 얻을 수 있을까요? 이럴 때 '비-우산-하늘'을 떠올려서 다음과 같이 이렇게 말씀드리는 거죠.

what: 일타강사 글쓰기 강의를 온라인으로 들으려 한다.

how: 화면이 큰 스마트폰으로 바꾸면 좋겠다.

why: 지금 쓰는 스마트폰은 화면이 작아 불편하다.

어때요? 화면이 큰 최신형 스마트폰을 사달라고 하는 여러분의
요청을 부모님이 충분히 이해하셨을 것 같죠?

하나의 질문도 강력하다

이 셋은 함께 뭉쳐도 좋지만, 따로따로 활용해도 엄청난 생각을
만들게 해줘요. 먼저 '왜'부터 살펴볼까요? '왜'라는 질문은 실행키
와 같아요. '왜'로 시작하는 질문을 받으면 두뇌는 묻지도 따지지도
않고 답을 찾기 때문이에요. 선생님이 글쓰기 전문가의 길을 걷기
시작한 것도 이 질문 덕분이에요.

'글을 쓰는 사람은 많은데, 왜 글을 잘 쓰는 사람은 적을까?'

다음으로 '어떻게'를 살펴봅시다. 혁신의 성지로 불리는 실리콘
밸리에서 혁신의 방아쇠로 쓰는 것이 '어떻게'입니다. 질문을 '어
떻게'로 시작하는 것만으로 훨씬 더 좋은 생각들이 만들어집니다.
'왜'로 시작한 코치 선생님의 질문도 이렇게 바뀝니다.

'어떻게 하면 글을 잘 쓰게 할 수 있을까?'

마지막으로 '무엇을'이라는 질문은 단독으로 쓸 때는 단어를 하나 더 붙여서 사용해요. '만약 무슨 일이 벌어진다면(what if)?'이라는 질문은 창의적인 사고를 하는 사람들이 입버릇처럼 사용하는 가정법 질문이에요.

'만약 어린이들에게 《공부머리 문해력》으로 글쓰기를 가르친다면?'

4교시:

AI시대를 헤쳐나갈
문장력 키우기

"하루 10분이라도 매일 글을 써야

비로소 생각을 하게 된다."

-낸시 소머스 하버드대 교육대학원 교수

인공지능 시대,
글쓰기는 왜 배워야 할까

　지금의 여러분에게 글쓰기는 귀찮기만 할 거예요. 학교 공부나 문제집 풀이, 숙제하기도 벅차기 때문이에요. 학원도 가야 하고 학원 숙제까지 해야 하니, 군이 시험에 나오지도 않는 글쓰기를 왜 배워야 하나 싶죠? 글쓰기가 게임처럼 재밌다면 배우지 말래도 배울 텐데 말이죠. 더군다나 요즘 나온 생성형 AI는 글도 척척 써준다는 소문이 자자하죠. 글뿐인가요, 그림도 그려주고 음악도 만들어주고 동영상까지 만들어준다니, 우리가 새삼스럽게 글쓰기를 배워야 하나 싶은 생각이 들 것 같아요. 이 질문에 대한 답은 세계적인 공대 MIT의 미첼 레스닉 교수님이 해주셨어요.

"아이들에게 쓰기를 가르쳐줘도 작가가 되는 수는 극히 적은데 왜 쓰기를 배워야 하느냐고? 바보 같은 질문이다. 우리 삶 모든 부분에 쓰기가 있다. 당장 생일 축하 카드를 써야 한다. 무엇보다 쓰기는 사람들에게 생각하는 법을 가르친다. 쓰면서 생각을 구조화할 수 있다."

생각을 구조화한다는 것은 생각을 의도에 맞게 정리하고 내용을 다듬어 의미 있게 만든다는 뜻이에요. 레스닉 교수님은 생각하며 살려면 글쓰기를 배워야 한다고 강조해요. 선생님은 20년 훨씬 넘는 시간 동안 글쓰기 코치로 일하면서 글쓰기 교육에 아주 많은 공을 들이는 미국의 사례를 많이 연구했어요. 그러면서 알게 된 것이 미국에서는 글쓰기의 특별한 비법을 가르치기보다 글쓰기를 삶의 일부처럼 몸에 배게 만든다는 사실이에요

여러분은 학교에서 글쓰기 어떻게 배우나요? 우선은 교과서로 배우고, 교과서에 실린 문제를 풀며 배운 것을 확인하고, 잊을 만하면 선생님이 내주는 글쓰기 숙제를 할 거예요. 그런데 이런 방법으로 초등학교 때 글쓰기를 이미 배운 어른들 대부분이 글쓰기를 어려워해요. 글을 쓰라면 겁부터 내는 편이죠. 왜 그럴까요?

선생님은 최근에 초등학교 5, 6학년 교과서를 샅샅이 봤어요. 보고 무척 놀랐죠. 선생님이 글쓰기 수업에서 가르치는 것들이 교과서에 다 나오더라고요. 아니, 훨씬 더 자세하게 다루고 있어요. 초

등학교 때부터 이렇게 다 배우고 중고등학교에서는 더 비중 있게 배울 텐데 성인이 되면 왜 글쓰기를 겁내는 걸까? 그리고 찾아낸 원인이 글쓰기에 관한 이론을 배우기만 해서 그렇다는 걸 알았어요. 수영이나 피아노처럼 실습하며 배워야 하는데, 글쓰기를 배우면서 직접 글을 써본 경험이 많지 않아서 그래요. 하버드대학교에서 오랫동안 글쓰기를 가르친 낸시 소머스 교수님은 하버드 학생 중 글을 잘 쓰는 학생은 초중고에 다니는 동안 매일 10분이라도 글을 썼다고 해요. 피아노도 매일 쳐야 잘 치게 될 수 있고, 수영도 매일 연습해야 더 잘하게 되는 것처럼, 글쓰기도 매일 직접 해봐야 실력이 붙어요.

글 잘 쓰는 친구가 인기도 많아

그래도 아직 글쓰기에 마음이 안 열린다면 이렇게 생각해봐요. 여러분 주변에서 인기 있는 친구들은 어떤 친구들인가요? 공부를 잘하는 친구들이 왠지 훌륭해 보여서 인기 있죠. 외모가 훌륭하거나 집이 잘살아서 간식을 잘 쏘는 친구들도 인기 있겠죠. 그런데 시간이 지나면 그런 인기는 사그라들기 마련입니다.

진짜 인기 있는 친구들은 수업 시간에 자기 의견을 발표할 때 조리 있게 말하거나, 친구들 사이에 서로 다른 의견을 잘 조율하고 친구들에게 배운 것을 가르쳐줄 때도 이해하기 쉽게 설명하는 아이가 많아요. 이런 친구들은 대체로 공부도 잘해요. 그리고 글도 잘 쓰죠. 글을 잘 쓰면 생각을 잘하게 되고 생각을 잘하면 말도 잘하게 되기 때문이에요. 연세대 김주환 교수님은 공부 잘하는 아이들이 인기도 많은 경우가 흔한데, 인기가 많아서 공부를 잘하는 것이라고 하셨어요.

글쓰기 능력은 공부머리를 만드는 데, 그리고 문해력을 키우는 데 필요한 마지막 열쇠예요. 글을 잘 쓰려면 잘 생각해야 하고, 잘 생각하려면 많은 자료를 읽어야 하거든요. 이제부터 선생님이 쓰면서 배우는 문장력 향상 기법에 대해 알려줄 거예요. 이 책에서 배운 방법을 마음에 품고 학교에서 교과서에 실린 대로 글쓰기를 잘 배운다면 여러분의 글쓰기 실력은 10대부터 아주 탄탄하게 길러질 거라고 확신합니다.

1등급 문장력 키우기 비법1
간결하고 명확하게 쓰기

10대가 읽어야 할 세계 명작에 반드시 들어가는 책으로《보물섬》이 있어요. 이 책을 쓴 로버트 루이스 스티븐슨 작가님은 이런 말을 했어요.

"글쓰기가 어려운 이유는 그저 글을 쓰는 것이 아니라 자신이 의도하는 글을 써야 하기 때문이다."

의도하는 글이란 내 글을 읽은 독자가 내가 원하는 방향으로 행동하게 하는 글을 말해요. 학생이 시험문제 풀이 과정을 글로 썼다면, 채점하는 선생님이 글을 한 번에 이해하고 좋은 점수를 주게 하는 것, 이것이 의도에 맞게 글을 쓰는 것이에요. 친구에게 새로 알게 된 유튜브 채널을 알려주고 싶어 메신저를 보낸다면, 메시지를 읽은 친구가 채널 영상을 보고 그 채널에 관해 여러분과 대화하게 만드는 것이 의도에 맞게 쓰는 것이에요.

의도를 달성하는 글쓰기 비결

엄청난 투자실력을 가진 투자자 워런 버핏은 의도에 맞게 쓰려면 간결하고 분명하게 써야 한다고 강조했어요. 이것은 어떤 글을 쓰든, 누가 읽는 글이든, 의도에 맞게 쓰기 위해 지켜야 할 기본 원칙이에요.

글을 쓰기 힘들어하는 친구들은 이 비법이 가장 먼저 나온 게 의아할 거예요. 20줄 이상, A4 한 페이지 이상 등 정해진 분량을 채우는 게 가장 힘든 일인데, 간결하게 쓰라고 하니까 길게 쓰라는 건지 짧게 쓰라는 건지 헷갈리죠. "짧게 쓰는 건 자신 있어" 하고 말할 친구도 있을 것 같아요.

물론 간결한 글은 짧고 간단하게 쓰는 것을 말해요. 전문가들의 연구를 보면 대부분의 사람들이 글을 읽지 않고 스캔한다고 해요. 원래는 단어 하나, 문장 한 줄, 일일이 읽어야 하는데, 쓱 보고 말거나 눈에 띄는 단어와 문장만 드문드문 읽는다는 뜻이에요. 사람들의 읽는 방식이 이러하니 쓰는 사람이 한눈에 파악되게 간결하게 쓸 필요가 있어요. 간결한 문장의 가장 큰 특징은 길이가 짧다는 점이에요. 하지만 단순히 짧은 건 아니에요.

글쓰기를 인공지능에 맡긴다는 것은 생각하는 일을 인공지능에 맡긴다는 것과 마찬가지로, 내 머리로 생각하고 내 언어로 표현할 줄 모르는 사람이라는 증거가 되는데, 글을 쓸 줄 모르는 사람은 비판적으로 생각할 줄 모르고 창의적으로 문제를 해결할 줄 모르며 자연 의사소통에도 부진하다는 증거를 스스로 내보이는 것이야.

이 문장은 한 문장으로 이뤄져 있어요. 참 길죠? 그러다 보니 뜻도 명확하게 전해지지 않아요. 이 글을 짧은 문장으로 나눠볼까요?

글쓰기를 인공지능에 맡긴다는 것은 생각하는 일을 인공지능에 맡긴다는 것과 마찬가지다. 즉 내 머리로 생각하고 내 언어로 표현할 줄 모르는 사람이라는 증거다. 글을 쓸 줄 모르는 사람은 비판적으로 생각할 줄 모르고 문제를 창의적으로 해결할 줄 모른다. 또한 의사소통에도 부진하다는 증거를 스스로 내보이는 것이다.

어때요? 문장을 끊으니 읽으면 무슨 뜻인지 바로바로 알겠죠?

분명하게 쓰기

글쓰기가 어떤 능력보다 어려운 건 상대에게 내가 의도한 대로 영향을 미쳐야 하기 때문입니다. 그러려면 그 상대가 이해할 수 있도록 쉽고 구체적으로 표현해야 해요.

정부는 AI 메타버스로 초등학교 교육용 도로명주소 디지털 교과서를 개발했으며, 올 하반기에 교육 현장 도입을 지원할 계획이라고 밝혔다.

인터넷에 실린 뉴스의 일부예요. 무슨 뜻인지 바로 알 것 같나요? AI 메타버스? 디지털 교과서? 하반기? 이런 어려운 말들이 많죠. 만일 이 글을 읽는 대상이 여러분처럼 10대 독자라며 이렇게 쓰는 편이 좋겠죠.

정부는 챗GPT 같은 생성형 AI로 가상세계를 만들어 초등생에게 도로명주소를 가르친다. 학생들은 올해 2학기부터 이 과정을 담은 디지털 교과서로 배우게 된다.

1등급 문장력 키우기 비법2
완전한 문장 쓰기

여러분은 줄임말에 좀 자신 있나요? 줄여 부르는 신조어를 모르면 뒤떨어진 세대라는 느낌은 오래전부터 있었어요. 요즘은 '캘박' '핑프' '자낳괴' '중꺾마' 같은 신조어들이 유행인 듯합니다. 말보다 느린 글로 빠르게 의사소통을 하려다 보니 줄임말, 머리글자 표기 등은 과거부터 있었고, 줄여서 의미를 제대로 전달하는 것이 능력처럼 인정되기도 합니다.

하지만 우리가 문해력을 익히고 글을 잘 쓰려는 이 모든 노력에 담긴 의도는 내 의견을 타인에게 완벽하게 전달하고, 또 타인의 말과 글 속에 담긴 의도를 가능한 한 완벽하게 이해하려는 데 있어요. 이럴 때는 줄임말보다는 완벽한 문장을 구사하는 게 중요합니다.

특히 그 말을 듣거나 글을 읽을 상대가 불특정 다수로 넓어지면 누가 읽더라도 이해가 가도록 문장을 만드는 것이 중요합니다.

이제 완전한 문장 쓰는 법을 한번 살펴볼까요?

완전한 문장이란?

문장이란 주어와 서술어가 결합해 '누가(무엇이) 어찌하다(어떠하다)'는 의미를 전해요. 따라서 문장은 완전하게 쓰여야만 해요. 문장에는 주어, 서술어, 목적어와 같은 문장성분이 있어요. 이런 성분이 빠짐없이 갖춰진 것을 완전한 문장이라고 합니다. 완전한 문장으로 써야 생각이 명확해지고 의미를 빠르게 전달할 수 있어요.

글을 잘 읽기 때문에 글을 잘 쓸 것이다.

이런 문장은 어때요? 뭔가 이상하죠? 어디가 이상한가 살펴보세요. 문장성분 중 무엇이 빠져있나요? 바로 주어가 빠져 있어요. 문제를 파악했으니 이제 완전한 문장으로 고쳐볼까요?

아빠는 글을 잘 읽기 때문에 글을 잘 쓸 것이다.

우리말은 주어가 생략되어도 소통에 큰 지장이 없어요. 그러다 보니 주어를 생략하는 경우가 많습니다. 그런데 주어 없는 문장을 쓰는 습관은 AI와 일하는 시대에는 치명적인 결함이 된다고 해요. AI는 주어가 빠진 문장을 알아들을 수 없기 때문에 이렇게 명령하면 AI가 일하게 할 수 없어요.

주어와 서술어가 어울리게 쓰기

문장에서 가장 중요한 성분인 주어와 서술어가 잘 맞는 것도 중요해요.

공부머리가 좋은 사람은 글을 잘 써야 한다는 것이다.

이 문장도 어색하죠? 주어와 서술어가 서로 맞지 않아서 그래요. 서술어가 주어에 맞으려면 이렇게 고쳐야 해요.

공부머리가 좋은 사람은 글을 잘 쓴다.

어휘력 키우는 사전놀이

'빼앗긴 들에도 봄은 오는가'

독립운동가이자 시인인 이상화 선생님이 국권을 빼앗긴 우리나라를 생각하며 지은 유명한 시예요.

이 시에는 여러 의미가 담겨 있지만 '봄이 온다'는 일반적인 표현을 '봄은 온다'라고 주격조사를 바꿔 씀으로써 강조하고 있어요. 만약 이 시의 제목을 '빼앗긴 들에도 봄이 오는가'로 썼으면 그 강조의 느낌이 훨씬 덜했을 것 같아요. 우리말은 토씨 하나에도 이렇게 뉘앙스가 확 달라져요. 그래서 어휘력의 영향이 큰 편이에요.

학교에 다니면 수학 문제를 더 잘 풀어야, 역사적 사실을 더 잘 기억해야 점수를 잘 받는다고 생각하지만, 놀랍게도 사람들의 성공에는 어휘력이 가장 큰 영향을 미친답니다. 보스턴 인간공학연구소의 존슨 오코너 박사님이 어휘가 사람들의 삶에 미치는 영향을 무려 20년 이상 연구했어요. 그 결과 성공하는 사람들의 공통적인 특징 가운데 하나가 정확한 어휘를 사용하며 풍부한 어휘력을 지닌다고 밝혀졌어요.

오코너 박사님이 젊은 직장인 1만 명을 대상으로 어휘력을 테스트했어요. 그리고 5년 후 직장 내에서 어떤 변화가 생겼는지 다시 조사했더니, 결과가 놀라워요. 어휘 성적 상위 10% 안에 든 사람은 전원 높은 자리에 올랐지만, 25% 이하의 사람은 단 한 사람도 그 자리에 오르지 못했다고 해요. 오코너 박사님은 그 외에도 다양한 실험을 해서 이런 결론에 다다랐어요.

모든 분야에서 어떤 사람의 어휘 수준은 직업의 성공을 예측하는 가장 좋은 척도다.

어느 분야에서든 잘나가고 성공하려면 어휘를 정확하게 사용하고 풍부하게 구사할 수 있어야 한다는 거예요. 어휘가 부족하면 생각하는 힘, 쓰는 힘까지 덩달아 부족해져요.

파란색을 표현하는 어휘를 예로 들어볼까요? 파란 하늘도 매일 똑같은 파란색은 아니에요.

'파랗다' '새파랗다' '퍼렇다' '시퍼렇다' '푸르다' '푸르르다' '짙푸르다' '검푸르다' '감파르다' '연푸르다' '희푸르다' '파르스름하다' '푸르죽죽하다' '푸르뎅뎅하다' ….

이렇게 어휘를 많이 알수록 매일 변하는, 또 아침저녁으로 변하는 하늘의 색을 더 정확하게 설명할 수 있겠죠?

어휘력 수준을 높이는 유일한 연습

쓰는 힘을 좌우하는 어휘력을 키우려면 많이 읽는 것 외에 방법이 없어요. 많이 읽을수록 많은 어휘를 알게 되고, 굳이 외우지 않아도 기억하게 되거든요. 많이 읽을수록 새로운 단어를 만나고 기존의 어휘력을 토대로 모르는 단어의 뜻을 짐작하게 되죠.

여기에 추가로, 더 오래 기억에 남는 어휘력 키우는 법을 공개합니다. 사전을 찾아보세요. 선생님도 여전히 사전을 애용합니다. 요즘은 인터넷 사전이 대세를 이루지만, 이제 본격적으로 어휘를 늘려갈 여러분은 종이사전을 곁에 두면 좋겠어요. 사전으로 단어를 찾는 것은 스마트폰 검색으로 단어를 찾는 것과 아주 다른 경험을 줍니다. 그에 따라 배움의 결과도 매우 달라져요. 사전을 보는 습관은 단어를 정확하게 사용하게 해줍니다. 또 어떤 단어를 보면 동의어, 반의어, 유사어까지 한꺼번에 알게 되니 어휘 수준이 저절로 높아져요.

    책을 읽거나 대화하면서 새로 알게 된 어휘는 단어장에 옮겨 쓰고 실제로 사용해야 기억할 수 있다는 점도 기억해두세요.

1등급 문장력 키우기 비법4
나만의 글쓰기 틀 만들기

어휘력을 키우고, 완전한 문장을 만들며, 간결하게 쓰는 법을 배웠다면 준비는 다 했어요. 이제 본격적인 글쓰기만 남았는데, 그래도 여전히 글쓰기가 뜬구름 잡는 것 같은 친구들이 있을 거예요.

글을 전문적으로 쓰는 직업을 가진 사람들은 어떻게 그렇게 글을 잘 쓰게 되었을까요? 신문 기자들은 하루에 글을 한 편씩 뚝딱 써내기도 합니다. 글을 연재하는 작가님들도 일주일에 한 편씩 계속 쓰죠. 유명한 소설가들은 매일 정해진 분량을 써 모아서 분량이 일정하게 채워지면 책으로 냅니다.

다들 어떻게 그렇게 잘 쓸까요?

글쓰기를 직업으로 삼은 사람들은 자신만의 글쓰기의 순서가 있어요. 그리고 글을 쓸 때는 이를 반드시 지켜요. 여러분도 학교에서 배웠을 거예요. '서론·본론·결론' '기승전결' '발단·전개·위기·절정·결말'처럼 글을 구성하는 틀이 있어요. 기자들이라면 결론부터 제시하는 '역삼각형'이라는 기사 쓰기 틀이 있고요. 이처럼 글을 쓰기 위한 틀이 되는 공식이 있는데, 여기서는 여러분을 위한 공식을 하나 소개하고자 합니다.

하버드의 150년 글쓰기 공식

'글쓰기 숙제, 30분이면 할 수 있다.'

솔깃하죠? 이 한 줄은 코치 선생님이 쓴 책을 일본에서 출간하면서 붙인 책 제목이에요. 우리나라에서 출간된 책의 원래 제목은 《초등학생을 위한 150년 하버드 글쓰기 비법》이에요. 이 책은 논리적 사고력을 배우고 익히기 위해 하버드대 학생들이 4년에 걸쳐 배우는 논리적 글쓰기 비결을 알려주는 책이에요. 선생님이 이 책을 쓴 이유는 초등학생들이 벌써 글쓰기를 싫어하고 겁낸다는 것을 접하고 너무 놀랍고 안타까웠기 때문이에요. 어떤 일이든 싫어하면서 잘하기란 쉽지 않아요. 글쓰기가 초등학교 때 이미 싫어졌다면 평생에 걸쳐 어떤 노력을 하더라도 잘하기 어렵기 때문에 글쓰기를 좋아하게 만들어주고 싶었어요. 그래서 오레오 공식을 만들었어요. 이 공식을 사용하면 논리적으로 생각하고 글 쓰는 능력과 습관이 만들어져요.

글쓰기가 어려운 진짜 이유

'오레오(OERO)' 하면 전 세계에서 가장 많이 팔렸다고 알려진 초콜릿 쿠키가 생각나죠. 그런데 이제부터 여러분은 과자가 아닌 '공부머리' 만드는 글쓰기 틀로 이 단어를 떠올리게 될 겁니다.

의견 주장하기 Opinion의 **O**

이유 제시하기 Reason의 **R**

사례 제시하기 Example의 **E**

의견 강조하기 Opinion의 **O**

생각을 오레오 공식으로 정리하면 무슨 말을 하려는지 의견이 분명해져요. 왜 그런 의견을 말하는지 설득력 있게 말할 수 있게 되죠. 예를 들어 설명하니 이해하기가 더욱 쉬워져요. 마지막으로 의견을 강조하는 내용까지 포함하면 묻지도 따지지도 않는 글이 완성됩니다.

오레오 공식을 사용하기 더 편하도록 문장공식도 준비했어요.

다음 네 줄 문장의 빈 곳에 여러분의 생각을 넣어 완성하면 어느새 논리적 글쓰기가 완성됩니다.

O 내가 하려는 말은 ~다.

R 왜냐하면 ~하기 때문이다.

E 예를 들어 설명하면 ~다.

O 그래서 ~하면 좋겠다.

글을 이렇게 틀에 맞춰 쓰기만 하면 되니 참 쉽죠? 선생님도 글을 쓸 때는 오레오부터 떠올려요. 이메일, 보고서, 제안서를 쓸 때는 물론, 문자 메시지를 보낼 때도 O-R-E-O부터 떠올려요.

여러분도 한번 연습해볼까요? 스마트폰을 신형으로 바꾸고 싶어요. 이때 부모님을 어떻게 설득하는 게 좋을까요? 오레오 공식으로 연습해봅시다.

O 의견 주장하기: 스마트폰을 새로 사고 싶다.

R 이유 제시하기: 인터넷 강의를 보려면 화면이 더 큰 스마트폰이 필요하다.

E 사례 제시하기: 친구 A도 최근에 스마트폰을 바꿨는데 집중이 잘된다고 하더니 이번에 국어 성적이 올랐다.

O 의견 강조하기: 새 스마트폰으로 화면이 큰 걸 사고 싶다.

글만 쓰려면 머리가 아픈 친구들은 오레오 공식을 더 자주 사용하길 권합니다. 그러면 여러분의 뇌가 오레오 공식으로 자동으로 작동될 거예요. 뇌가 논리적으로 작동하기 시작하면 무슨 생각이든 자연스럽게 논리를 갖추게 됩니다.

1등급 문장력 키우기 비법5
줄여 쓰기 연습

　브래드 피트가 주연한 영화 〈흐르는 강물처럼〉에는 아버지에게 글쓰기를 배우는 아들이 나와요. 아들이 글을 써 오면 아버지는 절반으로 줄이라고 해요. 절반으로 줄여 오면 또 절반으로 줄이라고 하죠. 이렇게 줄이다 더는 줄일 수 없을 만큼 줄여 쓰면 아들은 밖에 나가 놀 수 있어요. 이렇게 글쓰기를 연습한 아들들은 성인이 되어 대학 강사와 신문 기자라는, 글쓰기 능력이 요구되는 직업을 갖게 됩니다.

　이 영화를 보고 선생님은 무척 감탄했어요. 글쓰기에 관해 미주알고주알 가르치지 않았는데, 단지 줄여 쓰기만으로도 글을 어떻게 써야 할지 스스로 알게 되거든요. 글은 고쳐 쓰면서 완성도가 높아져요. 또 줄이면서 글은 더 명료하고 간결해지죠.

서술형, 논술형 점수를 좌우하는 줄여 쓰기

서술형 문제를 풀 때 의외로 중요한 것이 제시되는 분량을 지켜 쓰는 것이에요. 답안 작성 규정 가운데 가장 쉽게 측정되는 것이 분량이거든요. 쓰다 만 답안이거나 제시된 분량이 허용하는 범위보다 많거나 적은 경우, 바로 감점이에요. 한때 서울대 논술시험에서 분량을 못 맞춰 점수를 깎인 수험생이 전체의 10%나 된 적이 있다고 해요. 그러니 글을 쓸 때 핵심을 추려 간단하고 분명하게, 분량만큼 쓰는 습관은 지금부터 들여놓을 필요가 있습니다.

줄여 쓰기는 얼핏, 사고력 키우는 비법으로 알려준 요약하기와 비슷해 보입니다. 두 방법 모두 내용을 더 짧고 간결하게 만드는 연습이에요. 핵심이 되는 내용 위주로 글을 줄인다는 것이 공통점이죠. 그런데 요약하기가 다른 사람이 쓴 글을 다듬는 작업이라면, 줄여 쓰기는 내가 쓴 글을 다듬는 작업이에요. 자기 글인 만큼, 쓸데없는 내용은 애초에 안 썼다고 생각하기 때문에 줄이기가 더 힘들어요. 선생님은 책을 쓸 때 목표한 분량보다 40%가량 많이 써요. 그리고 분량을 팍팍 줄여가는데, 그러면 내가 무엇을 쓰려고 했는지 확실해지는 쾌감이 느껴져요.

그래서 글을 잘 쓰는 사람에게 줄여 쓰기는 선택이 아니라 필수예요. 이제 줄여 쓰기를 연습하는 방법 공개합니다.

---

1. 분량 상관없이 마음껏 쓴다.

2. 분량을 절반으로 줄인다. 2차로 그 절반으로 줄인다. 분량에 따라 한두 번 더 줄인다.

1번 과정에서 1,000자를 썼다면 줄이는 첫 작업에서 500자로 줄어든다. 두 번째 작업에는 250자, 세 번째 작업에서는 125자가 된다. 이는 짧은 문장 세 줄 정도 분량에 해당한다.

3. 글을 줄일 때는 누구에게 무슨 내용을 전하려 하는지 핵심을 분명히 한다.

이 기준으로 내용을 살펴서 상관없는 내용부터 삭제하면 된다. 중복되는 문장, 불필요한 문장이나 구절, 단어를 제거한다. 긴 문장은 짧게 다듬고 한 줄 문장도 한마디로 표현할 수 있다면 바꾼다.

과일 농사를 지을 때는 가지치기가 필수입니다. 위로 자라는 가지를 쳐야 옆으로 넓게 퍼지면서 꽃도 많이 피우고 그만큼 열매도 많이 맺어요. 그런데 잘못 해서 가지로 자랄 곁눈을 자르면 안 되는 것과 같아요. 글을 줄여 쓴 다음에는 꼭 소리 내어 읽어봐요. 그러

면 글을 쓸 때 의도한 내용이 다 포함되어 있는지 확인할 수 있고, 읽기에 불편한 문장을 골라내 다시 수정할 수 있어요.

제대로 줄여 썼는지 아닌지 어떻게 하면 알 수 있을까요? 이럴 때 생성형 AI에 줄여 쓰기를 부탁해 내가 한 것과 맞춰보면 좋아요. 그것이 꼭 정답은 아니더라도 비교하면서 공부가 되니 편리합니다.

쓰레기부터 쓰기

　글쓰기가 힘들게 느껴지는 이유는 처음부터 완성본처럼 쓰지 못할까 봐 걱정되기 때문이에요. 그런데 처음부터 글을 인쇄된 책처럼, 업로드된 신문 기사처럼 쓰는 사람은 없어요. 글을 잘 쓰는 사람과 못 쓰는 사람의 차이는 처음 쓴 글을 얼마나 잘 다듬느냐의 차이예요. 다시 말해 누구나 처음에는 '쓰레기'처럼 형편없는 글을 쓴다는 것이에요. 이를 몇 번씩 고쳐 써서 잘 쓴 글로 바꿔가는 것이 좋은 글을 쓰는 가장 쉽고 빠른 길이에요. 오죽하면 노벨문학상을 탄 대문호 어니스트 헤밍웨이조차도 자신의 첫 글은 쓰레기라고 했을까요.

글을 잘 쓰는 사람 못 쓰는 사람의 차이

그럼, 쓰레기부터 쓰기 비법을 공개합니다.

쓰레기를 쓴다 ➡ 정리한다 ➡ 다듬는다

이 3단계를 거치면 어떤 글도 잘 쓴 글로 변신합니다.

✎ 쓰레기 쓰기

첫 글을 쓸 때는 잘 쓰는 데 집중하기보다 쓰고 싶은 것을 최대한 씁니다. 생각이 꼬리를 물면 그것을 일단 글로 다 붙잡습니다. 문법이나 맞춤법도 신경 쓸 필요 없어요. 맞춤법에 신경 쓰다가 아이디어가 날아가면 더 큰 손해입니다.

✎ 정리하기

쓰레기처럼 쏟아낸 첫 글을 정리하는 단계예요. 우선은 필요 없는 내용을 버리고, 꼭 써야 할 내용만 남깁니다. 내가 쓴 문장이라고 아까워하다가는 장황한 글이 되어 '간결함'을 해칩니다.

✎ 다듬기

최종적으로 글이 의도한 대로 쓰였는지 살펴서 완성하는 단계입니다. 이때 맞춤법도 보고 잘못된 내용은 없는지 살피며 수정하고 부족한 부분은 추가로 씁니다.

고쳐 쓰기 효과 2배 만드는 친구들 평가

글을 고쳐쓰기 위해 친구들끼리 서로 도움을 주는 방법도 있어요. 같은 반 친구들이 서로의 글을 읽고 의견이나 도움이 될 만한 제안을 하는 거예요. 내가 쓴 글을 읽는 독자가 내 생각을 다 이해할까요? 이럴 때 필요한 것이 친구들의 평가예요. 내 생각을 내가 글로 쓰면 내 생각을 넘어설 수 없어요. 그러니 글을 읽고 친구들이 말해주면 내용을 고쳐 쓰는 데 큰 도움이 되죠. 다만 여기에는 반드시 지켜야 할 규칙이 있어요.

잘 썼다거나 못 썼다는 평가는 금지입니다. 글은 고쳐 쓰면 얼마든지 좋아지니 그런 평가가 의미 없거든요. 또 친구의 평가가 나쁘면 기분도 상해서 사이가 어색해져요. 단지 글을 읽고 드는 생각이나 느낌을 이야기하면 돼요. 질문하면 더 좋아요. 글을 쓴 친구는 질문에 답하는 동안 글을 어떻게 고쳐 쓰면 좋을지 생각할 기회가 생깁니다. 실수는 지적하지 마요. 그보다는 "이런 방법은 어떨까?" 하고 더 나은 방법을 알려주면 친구가 고마워할 거예요.

내 말로 바꿔 표현하기

여러분은 10대이니 스스로 생각을 만드는 것도 그 생각을 자신의 말과 글로 표현하는 것도 아직은 한참 어색하고 서툴 거예요. 그래도 여러분의 생각을 자꾸자꾸 여러분의 말과 글로 표현하기를 바랍니다. 그러다 보면 어느새 능숙해지고 익숙해질 거예요. 그러다가 어느 날, 마침내 제법 그럴듯한 표현력을 가지게 될 거예요. 이런 실력은 오로지 스스로 노력할 때 얻을 수 있어요. 당장 급하다고 선생님이 고쳐주고 부모님이 대신 써주면 그것은 절대로 자기 실력이 될 수 없어요. 학교 공부와 성적이 무엇보다 가장 중요하게 작용하는 10대의 여러분은 배운 것을 자기 말로 표현해야 더 잘 이해하고 오래 기억할 수 있어요. 그래야 나중에 숙제나 시험에서 꺼내 쓸 때도 수월해요. 자기의 것이니까요.

그렇다면 어떻게 해야 내 말로 표현할 수 있을까요?

남의 글과 내 글 구분하기

기억력이 좋은 친구들은 교과서나 참고서에 나온 내용을 외워 자기 생각인 듯 쓰기도 해요. 그런데 내가 쓰지 않은, 내 글이 아닌 남의 글은 전부 다른 사람이 생각한 결과물이에요. 학교에서 배웠죠? 지식도 재산이라 남의 지식을 함부로 사용하면 안 된다고. 그러니 남의 생각, 남의 글과 내 생각, 내 글을 구분해 표현하는 습관을 들여야 해요. 예를 들어 다음과 같은 대화를 나눈다고 생각해볼까요?

"야구선수 오타니 쇼헤이가 결혼했어. 신부는 일본 국가대표 농구선수인데…."

여러분이 이 소식을 직접 오타니에게서 들었을까요? 아니죠? 그러면 이렇게 표현해야 정확합니다.

"유튜브에서 봤는데 야구선수 오타니 쇼헤이가 일본 국가대표 농구선수와 결혼했대."

여기까지만 해도 훌륭해요. 하지만 출처를 정확히 밝히면 더 좋습니다.

> "○○가 하는 유튜브 채널에서 봤는데 야구선수 오타니가 일본 국가대표 농구선수와 결혼했대."

사실과 의견 구분하기

글쓰기 수업을 하면서, 학생들이 쓴 멋진 생각이나 표현을 발견하고 감탄할 때가 있어요. 그런데 그 생각과 표현이 남의 것을 베껴 썼다는 사실이 밝혀지면 글쓴이에 대한 신뢰가 뚝 떨어져요. 출처도 밝히지 않고 남의 것을 자기 것인 듯 시치미를 뗐으니까요. 여러분은 글쓰기를 처음 배우는 단계이니 글을 쓸 때 사실과 의견을 확실하게 구분하는 습관을 들이길 권합니다. 사실과 의견을 구분하는 습관은 읽기에서 시작됩니다. 글에서 어떤 것이 사실이고 의견인지 구분하지 못하면 글을 쓸 때도 뒤섞이기 마련이에요.

'사실'은 뭔가에 대해 있는 그대로를 나타낸 것이고 '의견'은 뭔가에 관한 생각을 표현한 것이에요. '사실'은 그래서 객관적이고 '의견'은 주관이 포함되죠.

> "손흥민 선수가 세계적인 선수가 된 것은 어릴 때부터 한 연습 덕분이야. 초

등학교 1학년 때부터 8년 동안 매일 2시간 30분씩 기본기를 다졌다고 해. 매일 하는 연습인데도 싫어하지 않았다는 게 참 대단해."

여기에서 '손흥민은 초등학교 때 기본기를 다졌다' '매일 2시간 30분씩 연습했다' '연습을 싫어하지 않았다'의 세 가지는 사실이에요. 손흥민 선수와 아버지가 직접 증언했거든요.

"매일 하는 연습인데도 싫어하지 않았다는 게 참 대단해."

마지막의 이 문장은 의견이에요. '매일 하는 연습'이라는 사실에 관해 글쓴이가 자신의 느낌, 생각, 판단을 표현한 것이에요.

내 말로 바꿔 표현하기

남의 말을 앵무새처럼 그대로 옮기는 친구가 옆에 있다면 어떨까요? 입만 열면 남이 한 말이 줄줄 쏟아진다면 다른 건 몰라도 그리 매력적이지는 않을 거예요. 반대로 멋진 이야기를 듣고 자기만의 방식으로 이야기하는 친구가 있다면, 그런 재주는 배우고 싶어지겠죠. 이럴 때 사용하는 방법이 있어요. 남의 말을 내 스타일로 바꾸기예요. 떡볶이 가게에서 포장해온 떡볶이도 엄마가 예쁜 그릇에 담아서 주면 더 맛있어 보이고 사진 찍어 SNS에 공유하고 싶어질 거예요. 남의 말을 내 식으로 바꾸기도 이와 같아요.

　3단계로 한번 배워볼까요.

• 1단계: 내용 파악하기

무슨 내용인지, 의미를 정확하게 이해하기 위해 앞에서 배운 요약하기를

활용해보자.

• 2단계: 표현 바꾸기

원래의 단어를 다른 단어로 바꿔본다. 단, 내용과 의미를 그대로 전달해

야 한다.

• 3단계: 확인하기

바꿔 쓴 내용이 원래 문장과 의미가 같은지 여러 번 소리 내어 읽어본다.

　〈어린이 동아〉 신문에 실린 글을 요약한 내용입니다. 이 글을 여
러분의 말로 바꾸어 표현하는 연습을 해볼까요?

　초콜릿의 원료인 코코아 가격이 올랐어요. 날씨 탓에 코코아를 만드는 카카
오나무의 수확량이 줄어들었기 때문이에요. 이 때문에 초콜릿도 비싸질 것
으로 예상됩니다. 블룸버그통신은 특히 다가오는 3월 31일, 기독교의 주요

행사인 부활절에 소비자 부담이 커질 것으로 보고 있어요. 예수의 부활을 기념해 달걀 모양의 초콜릿을 나눠 먹는 문화가 있기 때문이에요.

✎ 1단계 : 내용을 파악한다.

코코아 가격이 오르면 이를 원료로 하는 초콜릿이 비싸진다. 블룸버그 통신에 의하면 특히 달걀 모양의 초콜릿을 나눠 먹는 문화를 가진 기독교 명절인 부활절이 다가오면 소비자들이 부담을 느낄 것이다.

✎ 2단계 : 표현을 바꾼다.

이번 부활절에는 달걀 모양 초콜릿을 먹는 게 부담이 될 것 같아. 코코아 가격이 올라 초콜릿이 비싸질 거라고 세계적인 통신회사에서 밝혔거든.

✎ 3단계 : 확인하기

소리 내어 읽어보세요.

남의 말을 내 스타일로 바꾸는 데 능숙해지면 숙제 검사하는 선생님, 논술이나 서술형 시험을 채점하는 선생님들에게 좋은 인상을 남길 수 있어요. 다른 친구들이 교과서와 참고서, 인터넷에 실린 내용을 그대로 써서 비슷한 내용을 제출할 때, 여러분은 그렇지 않을 테니까요. 참, 예쁜 그릇에 담은 떡볶이도 가게에서 사 온 것이지 내가 만든 떡볶이는 아니듯이, 표현을 내 스타일로 바꿨다고 그 말이 남의 말인 사실이 바뀌지는 않아요. 그러니 출처를 반드시 밝혀야 해요.

멘토 글 따라 쓰기

미국 정부에서 설립한 〈국립 글쓰기 프로젝트〉는 전 국민의 글쓰기 역량을 강화하고 개선하기 위한 연구개발을 집중하는 곳이에요. 정부에서조차 전 국민 글쓰기 능력 향상에 아주 큰 힘을 쏟고 있는 것이죠. 이곳에서 제안하는 효과적인 글쓰기 연습법의 하나가 '멘토 글 모방하기'예요. 멘토란 '경험과 지식을 바탕으로 다른 사람을 지도하고 조언해 주는 사람'을 말해요. 멘토 글은 글쓰기를 배우는 학생들에게 좋은 글쓰기의 모범이 되어주는 글을 말해요. 멘토 글을 읽으며 그 글을 쓴 사람이 사용한 글쓰기 방법들을 살피고 파악하고 배워서 글쓰기 실력을 키우는 것을 '멘토 글 모방하기'라고 해요. 〈국립 글쓰기 프로젝트〉에서는 멘토 글을 이렇게 정의

합니다.

'멘토 글은 학생들과 직접적으로 관련되며 학생들이 스스로 읽을 수 있는 수
준의 내용이어야 한다.'

멘토 글이 반드시 책일 필요는 없으며 시, 신문 기사, 노래 가사,
만화, 설명서, 에세이 등 글이라면 어떤 종류든 다 멘토 글이 될 수
있다고 설명하고 있어요.

문해력을 키우는 최고의 방법 '교과서' 따라 쓰기

선생님은 글쓰기를 가르칠 때 멘토 글 모방하기를 가장 많이 활
용한다고 자부해요. 선생님이 글쓰기를 지도하는 대상은 어른들이
라, 모방하기를 '따라 쓰기'로 바꿔 표현해요. 따라 쓰기를 진행할
멘토 글로 신문의 칼럼을 추천하고요. 하지만 학생에게는 신문의
칼럼보다 더 좋은 멘토 글이 있습니다. 바로 교과서입니다. 학교 수
업의 바탕이 되는 교과서는 각 학년 학생들의 지식과 이해력에 맞
춰 만들어졌고, 최고의 전문가들이 교과서를 제작했으니. 최고의
멘토 글 모음집이라 할 수 있어요. 무엇보다 정확한 표현을 배우는
데는 교과서만 한 멘토가 없죠. SNS에서 생략어, 유행어, 은어를
많이 사용하면서 정확한 문장을 접할 기회가 엄청나게 줄어들었잖

아요. 그러다 보니 문장을 정확하게 쓰는 일이 점점 더 어려워지는데, 교과서 따라 쓰기를 하면 정확한 문장들을 자연스럽게 접하고 모방하게 되죠.

'교과서 따라 쓰기'는 방법이 너무도 간단하고 쉬워서 여러분이 혼자서 얼마든지 할 수 있어요. 국어·사회·수학·과학·예체능 등 모든 교과서를 따라 쓰면서 글쓰기를 배우는 한편, 다양한 분야의 지식, 어휘, 배경지식을 축적할 수도 있어요. 이렇게 해봅시다.

---

1. 멘토 글을 고른다.

2. 멘토 글을 따라 쓴다.

3. 멘토 글과 따라 쓴 글을 맞춰보고 틀린 부분을 고쳐 쓴다.

한 사교육 업체는 요약정리된 참고서로만 공부하면 단순 암기에 그치는 경우가 많아 성적을 잘 받거나 공부를 잘하게 되는 일이 없다고 강조해요. 이 업체는 교과서로 따라 쓰기를 하면 사고력이 길러지기 때문에 교과서 기반의 공부를 해야 한다고 주장한답니다. 참고서나 사교육에 의존하면 아무리 노력해도 실력 향상에 한계가 있는데, 그 이유가 사고력이 뒷받침되지 못해서라는 거죠. 따라서 사고력을 키우려면 교과서를 보는 것에서부터 시작해야 한다고 말합니다. 왜냐하면 교과서는 서술형으로 되어 있고, 서술형 문장을

읽고 내용을 이해하며 공부할 때 효과가 크기 때문이에요. 선생님
역시 이 세상에 존재하는 최고의 멘토 글이 교과서에 실린 것이라
고 생각해요. 교과서에 실린 글은 내용이나 표현 측면에서 오류나
실수가 가장 적다고 확신하기 때문이에요.

1등급 문장력 키우기 비법9

생성형 AI를 공부 비서로 부리는 명령문 쓰기

선생님은 글쓰기 코치이면서 작가이고 또 집에서는 주부이기도 해요. 세 가지 일이 겹치면 정말 눈코 뜰 새 없이 바쁘답니다. 그런데 요즘엔 여유가 조금 생겼어요. 비서 덕분이에요. 비서라면 큰 기업 사장님들이나 부릴 수 있는 것처럼 여겨지는데 선생님에게도 비서가 있다니 좀 놀랐나요? 챗GPT, 제미나이, 빙, 클로바X 그리고 번역하는 파파고까지, AI 비서를 다섯이나 가동해 작업해요. 이 AI 비서들이 세상에 나오기 전에는 자료가 필요하면 네이버나 구글로 자료를 찾아 헤매기 바쁘고 간신히 건진 자료에서 내가 원하는 것을 골라내는 작업에 꽤 많은 시간과 에너지를 들였어요. 그런데 이제는 비서들에게 명령하는 게 전부예요. 비서들은 어떤 자료들도 빠르게 제공해요. 선생님은 결과물을 검토해 사용하기만 하면 된답니다. 그러니 글을 쓸 때도, 강의자료를 준비할 때도 시간과 에너지가 덜 들고 속도는 더 빨라져요.

여러분도 얼마든지 생성형 AI를 조수처럼 부리며 공부머리 키울 수 있어요. 생성형 AI의 명령어 박스에 명령어를 써넣기만 하면 사용할 수 있다는 것은 학교에서 배웠죠? 그런데 단순히 써넣기만 하면 되는 게 아니라, 생성형 AI가 알아듣기 쉽게 명령문을 써야 해요. 그렇지 않으면 엉뚱한 답을 받게 되어서 낭패를 당합니다. 쓰레기를 넣으면 쓰레기만 나오는 것처럼.

선생님이 사용하면서 검증한 명령문 쓰기 비법 세 가지를 알려 줄 테니 시행착오 없이 인공지능 AI를 공부 비서로 활용해봐요.

의도에 맞게 명령하기

생성형 AI는 사람처럼 말하지만, 그 실체는 신기술입니다. 말하지 않아도 알아듣는 '눈치'라는 게 없어요. 여러분이 명령하는 수준만큼 일하고 그 수준에 적합한 결과물을 만들어요. 명령이 모호하면 결과물도 모호하게 나와요. 이 말은 AI에 명령하기 전에 여러분이 무엇을 위해 왜 AI에 명령하는가를 분명하게 해야 한다는 뜻이에요.

문해력을 키우려면?

이렇게 질문하는 것은 어때요? 막연하죠? 그러면 답변도 일반상
식 수준의 막연한 것이 나와요. 질문하기 전에 한번 생각해봐요. 이
질문을 하는 이유가 뭔가요?

원하는 결과가 나오게 구체적으로 명령하기

생성형 AI는 명령받은 것에 관해 되물을 줄도 모릅니다. 그러니
무슨 이유로 명령하는지 설명해줘야 해요. 그래야 여러분이 원하는
결과물을 얻을 수 있어요. 이때 육하원칙의 도움을 받으면 좋아요.

나는 중1이야. 교과서를 읽을 때 모르는 단어가 많아서 읽기가 싫어. 그러다
보니 시험 성적이 좋지 않아. 문해력이 부족해서라고 하는데, 어떻게 하면
될까?

이제 AI가 내 질문의 의도를 파악하고 제대로 일할 수 있을 것 같
죠?

원하는 답변의 조건을 미리 알려주기

의도에 맞게 구체적으로 명령했는데도 결과물이 부실하다면 어

떻게 해야 할까요? 이러한 결과는 여러분이 원하는 답변의 규격을 미리 알려주지 않아서 그래요. 분량이나 형식, 또는 꼭 포함해야 할 내용을 콕 집어 알려주면 AI는 더 정확한 답을 금방 가져옵니다.

나는 중1이야. 교과서를 읽을 때 모르는 단어가 많아서 읽기가 싫어. 그러다 보니 시험 성적이 좋지 않아. 문해력이 부족해서라고 하는데, 어떻게 하면 될까? 중1이 교과서를 척척 잘 읽게 문해력 키우는 방법을 알려줘. 육하원칙으로 알려줘. A4 한 장 분량이면 되고, 읽기 쉽게 단락을 나눠 단락마다 번호를 붙여줘.

간단하고 단호하게 명령하기

AI는 사람이 아니에요. 예의를 차리느라 에둘러 표현하지 않아도 돼요. 간단하고 단호하게 명령하면 됩니다. 서술어가 진짜 중요해요. '궁금해' '알고 싶어'와 같은 상태형 서술어보다 '설명해줘' '알려줘' '분석해줘' '요약해줘' '들어줘' '해줘' '줘'와 같이 분명한 행동을 유발하는 서술어를 사용하면 좋습니다.

자, 여기까지 문해력을 구성하는 읽기, 생각하기, 쓰기 능력을 각각 키우는 방법을 안내했어요. 어때요? 읽고 생각하고 쓰는 공부의 방법이 조금은 익숙해졌나요? 어떻게 시작해야 할지 여전히 막막한 친구도 있을 거예요. 그런 여러분에게 문해력을 구성하는 읽기, 생각하기, 쓰기 세 가지 능력을 개발해줄 단 하나의 루틴을 이제 공개합니다.

5교시:

공부머리 만드는
하루 10분 루틴

내 인생에 가장 큰 영향을 준 분들은 선생님입니다.

선생님으로부터 '생각하는 방법'과

'글 쓰는 법'을 배웠거든요.

지금도 연락하고 찾아뵙습니다

−드류 파우스트 전 하버드대학교 총장

공부하고 싶은 마음까지
저절로 만드는 문해력의 기적

OECD에서 문해력 관련 연구를 했더니, 문해력이 높은 집단이 낮은 집단에 비해 연봉 2.7배, 취업률 2.2배, 심지어 건강한 정도도 2배가 높았다고 해요. 이쯤 되면 문해력이 인생의 치트키 아닐까 생각됩니다. 문해력을 갖췄다는 건 읽고 생각하는 머리가 있다는 것, 쓰기 위해 생각하는 머리를 작동시키는 능력이 있다는 것, 결론적으로 생각하는 머리가 있으면 공부머리, 일머리, 부자머리까지 자동으로 이어집니다. 학교 성적은 시작일 뿐입니다.

자, 이제 공부에서 시작해 부자가 되기까지 인생의 동반자가 될 문해력을 키우는 연습법을 공개합니다. 이 방법 하나로 한꺼번에 읽기·쓰기·생각하기 능력이 길러지는 기특한 방법이에요. 게다가 하루 10분이면 되는 기적 같은 방법이기도 하죠.

뉴욕 주립대학교 교육학과의 심미혜 교수님은 '선생님들의 선생님'으로 불립니다. 미국과 캐나다의 교사 2,000여 명을 가르쳤으니 이런 닉네임이 붙을 만하죠? 교수님은 한국에서 선생님으로 일하다 미국으로 유학을 갔는데, 그곳 초등학생들을 보며 문득 궁금증이 들었어요.

"미국 아이들을 보면 실컷 놀고 취미활동에 아르바이트까지 하면서 도대체 공부는 언제 하나 싶었죠. 그런데 나중에 보면 대학도 잘 가고 취업도 잘하더군요."

궁금증을 해결하기 위해 자세히 살펴보았더니, 미국의 아이들은 문제가 생기면 스스로 해결하려 노력하고 그 과정에서 창의력을 발휘하는 모습을 보였다고 합니다. 교수님은 미국 아이들이 그렇게 놀면서 공부도 잘하는 비결이 미국의 교육 방식에 있었다고 결론을 내리고 더 깊이 파고들었어요. 그 결과 '미국의 교육은 학교 공부는 물론, 살아가면서 부딪히는 여러 문제를 스스로 해결하는 다양한 능력을 키우는 것이 핵심'이며, 이러한 의도가 교육 과정에 반영되어 있기 때문에 아이들의 문제해결 능력과 사고력이 잘 발달할 수 있다는 결론에 이르렀어요.

어떤 문제를 해결하는 데 필요한 사고력을 미국교육에서는 융합사고라 부르는데, 심 교수님은 미국 학교들이 아이들의 융합사고력을 길러주기 위해 저널 쓰기에 공을 많이 들인다고 알려주셨어요.

"미국 초등학교 교실에서는 아침 수업이 시작됨과 동시에 10~15분을 저널 쓰기에 할애하고 있으며, 중고교 영어(국어) 교실에서도 학생들에게 저널 쓰는 습관을 갖도록 권유하는 교사들이 늘어나는 추세입니다."

융합사고력이란 서로 다른 분야의 지식과 개념을 연결해 문제해결에 필요한 생각을 만들어내는 능력을 말해요. 서로 다른 분야의 지식과 개념을 연결하려면 지식과 개념을 공부하고 이해하는 밑바탕, 문해력이 필수예요.

강남 집 팔아도 안 된다는
국어 성적 올리는 특급 비법

저널(journal)은 우리 말로는 '일기'라고 번역되는데, 사실은 일기 (diary)와는 다른 프랑스어예요. 일기가 주로 그날 경험한 일들을 나열하는 것에 그친다면 저널은 하루 동안 있었던 일 중에 어떤 한 사건에 집중해서 쓰는 것이에요. 그렇게 쓰다 보면 자연스럽게 그 사건, 즉 소재에 관한 생각과 감정이 떠오르겠죠? 그런 것들을 놓치지 않고 쓰는 것이 저널이에요. 이렇게 쓰다 보면 자연히 그 일에 관한 나만의 의견도 생기게 되겠죠? 이렇게 매일 저널을 쓰면 생각, 감정, 경험을 되짚어 생각하는 능력이 길러져요. 이것을 '성찰한다'고 표현해요.

이렇게 매일 특정 주제로 저널 쓰기를 하면 한창 성장하는 여러분의 언어능력을 더욱 키울 수 있어요. 그에 따르는 당연한 결과로 사고능력이 커지고 문제해결 능력도 갖추게 되죠. 언어는 생각을 촉발하고 만들고 정리하는 유일한 도구예요. 저널을 계속 쓰다 보면 모르는 사이 문해력도 부쩍 향상돼 있을 거예요.

매일 쓰는 저널의 주제를 그날 공부한 것으로 정한다면, 배운 것을 자기 것으로 만드는 '저널 쓰기 공부법'이 되어요. 읽고 배운 것, 경험한 것을 쓰면서 생각하고 정리하고 기록으로 남기는 방식의 공부를 말해요. 어떤 문제든 내 머리로 생각하고 해결하는 100% 자기주도형 공부법이라고 할 수 있어요. 이 과정에서 전두엽이 훌쩍 발달할 테고 융합사고력도 늘어나며, 문해력도 점점 좋아지겠죠. 그런 상태를 '공부머리'가 있다고 표현할 수 있어요. 그저 매일 10분에서 20분가량, 한 편의 저널을 쓰는 것만으로 '공부머리'가 생깁니다.

저널 쓰기가 글쓰기 숙제와 다른 것은 아무도 여러분이 쓴 글을 평가하지 않는다는 거예요. 더욱 해볼 마음이 생기죠?

저널 쓰기 10대 최고의 도전

뇌 전문가들은 사람이라면 누구나 생애 세 번에 걸친 뇌 발달의 기회를 얻는다고 말해요. 첫 번째가 두뇌 시스템이 형성되는 태아기이며, 태어나서 세 살까지가 두 번째 시기, 그리고 그 이후부터

12살에서 18살까지가 마지막 시기라고 해요. 가톨릭대학교의 김영훈 교수님은 아이의 뇌가 열리는 결정적인 시기를 '적기두뇌'라 하는데, 10살에서 14살까지가 학습을 위해 독서하고 활자와 아이디어를 연관 지으며, 듣기보다 읽기에 효율성을 보이기 시작하는 시기라고 강조해요. '적기두뇌'에 들어가는 초등학교 고학년부터 고입이나 대입 등 피해갈 수 없는 진로나 장래에 관해 더욱 적극적으로 생각하고 구체적으로 준비할 필요를 느끼는 중학생에게 저널 쓰기 공부법은 정말 요긴한 도구입니다.

하버드대학교가 개발한
매일 10분, 쓰면서 생각하기

　여기까지 책을 읽어온 여러분은 글쓰기가 여러분의 공부와 성적을 크게 좌우하는 것을 알았을 거예요. 그렇다면 글쓰기에 시간을 얼마나 들이면 잘 쓰게 될까 궁금하겠죠? 미국 교육과학연구소는 학생들이 글을 잘 쓰려면 하루에 최소 60분 동안 글을 써야 한다고 권해요. 실제로 이 권유를 지킨 학생들은 그 효과를 톡톡히 봤다고 합니다.

　2023년 코로나19 팬데믹 격리에서 해제된 학생들이 학교로 돌아갔을 때, 학생들의 읽기 능력이 코로나 이전보다 아주 많이 떨어졌어요. 미국에서는 전국적으로 초등 4학년 독서 성취도가 52년 만에 최저치로 떨어졌다고 해요. 이런 와중에 두 지역 학생들의 읽기와 쓰기 성취도가 다른 학교들 평균보다 2배나 높은 것으로 평가받아 화제가 되었어요. 워싱턴 D.C.에 있는 여섯 개의 공립학교와 오하이오주 중부에 있는 지역인 델라웨어에 있는 네 개 초등학교 학생들이 그 주인공이에요. 이 두 지역 학교에서는 학년마다 수준에 맞는 읽기와 쓰기를 매일 하는데, 짧게는 45분, 길게는 60분 동안이나 해요.

여러분은 읽거나 쓰는 데 시간을 얼마나 투자하나요?

아마 읽고 쓰기에 투자하는 시간을 하루 1시간 만들기도 어려울 거예요. 학교에 학원에 학습지까지, 쪼개 쓰기에도 시간이 부족할 테니까요. 그래도 읽고 쓰기가 그렇게 중요하다면 하루 10~20분 정도는 투자할 수 있지 않을까요? 낸시 소머스 교수님이 말씀하시길, 대학에 와서 글을 잘 쓰는 학생은 어릴 때부터 짧게라도 꾸준한 읽기와 쓰기를 해온 덕분이라고 해요. 그러면서 글을 잘 쓰려면 '짧은 글이라도 매일 써보라'고 덧붙였죠.

"하루 10분이라도 매일 글을 써야 비로소 '생각'을 하게 된다."

글을 매일 쓰라고? 이렇게 생각하면 막막하고 또 골치 아프죠? 그래서 코치 선생님이 10분 저널 쓰기를 아주 잘할 수 있는 도구를 소개합니다. 무작정 쓰는 게 아니라, 생각의 틀에 맞춰 쓰면 한결

쉬워요. 저널 쓰기 틀에 맞춰 쓰면 내 머리로 생각하는 일이 점점 능숙해지고 습관으로 만들 수 있어요. 저널 쓰기 틀은 하버드대학교에서 학생들이 스스로 생각하는 습관을 길러주기 위해 만든 도구를 응용한 것이에요.

하버드가 만들고 세계 학교들로 보급한 생각의 도구

하버드대학교의 교육대학원은 교육이 '생각하기'를 기반으로 이뤄져야 한다고 보았어요. 그래서 학생들이 생각하는 능력을 키우도록 도울 방법이 없을까 생각했어요. 이렇게 시작된 연구가 '하버드 프로젝트 제로'예요. 우리는 앞서 2교시에 이 프로젝트를 한번 살펴봤어요.

연구진들은 '사고루틴'이라는, 생각을 도와주는 도구를 21가지 개발했어요. 그 21가지 가운데 하나가 '보기(see) − 생각하기(think) − 궁금해하기(wonder)'예요.

'보기'는 생각을 만들거나 글을 쓰기 전에 내용을 주의 깊게 살피는 것을 말해요. '생각하기'는 내용을 주의 깊게 살피는 과정에서 어떤 생각이나 느낌이 떠오르는지를 파악하는 것을 말해요. '궁금해하기'는 앞의 두 과정을 거치다 보면 전과는 다른 것을 떠올리거나 생각하게 되는 것을 말해요.

여러분에게는 하버드대학교가 만든 '보기-생각하기-궁금해하기' 루틴을 'KFC 공식'이라는 이름으로 알려주고자 합니다. KFC 공식은 여러분의 부모님을 대상으로 쓴 책《초등학생을 위한 150년 하버드 글쓰기 비법》에 소개했는데, 반응이 아주 좋았어요. KFC 공식은 기억하기에 좋고 활용하기는 더 좋답니다.

- **보기 = 핵심 내용 Key point**

저널 쓰기 주제로 정한 것에 관해 자세히 보고 듣고 읽고 정리해서 쓴다.

- **생각하기 = 생각/느낌 Feel**

정리한 내용을 주의 깊게 들여다보며 살핀다. 그러다 보면 어떤 생각이나 느낌이 생길 텐데 그것들을 놓치지 않고 쓴다.

- **궁금해하기 = 결론 Conclusion**

유심히 관찰하고 주의 깊게 살피다 보면 궁금증이 생긴다. 이게 뭘까, 왜 그럴까, 어떻게 하면 될까…. 이렇게 궁금해하는 과정에서 멋진 생각이 떠오를 수 있는데, 이 의미를 담아 결론을 쓴다.

단계별로 쓰기 쉽도록 시작하는 문장도 힌트로 드립니다.

- **핵심 내용** Key point : 오늘 이런 일이 있었어.

- **생각/느낌** Feel : 이런 생각, 이런 느낌이 들었어.

- **결론** Conclusion : 내가 이 이야기를 왜 하는가 하면….

처음 시도해보는 친구들은 이 문장들로 시작하면 바로 시동이 걸릴 거예요.

매일 10분으로 쌓아가는
글쓰기 눈덩이 효과

KFC 공식으로 저널을 매일 쓰면 그 부분을 담당하는 두뇌 영역이 발달합니다. 그 결과 공부머리가 자연스럽게 키워집니다. 문해력이 좋아지는 것은 말할 것도 없고요. KFC 공식으로 저널 쓰기 방법을 육하원칙으로 정리해봅시다.

- 무엇을? ………… 매일 하나의 주제에 관해 쓴다.
- 왜? ………… 문해력을 키우고 공부머리를 만든다.
- 언제? ………… 매일 같은 시간에 한다.
- 어디에? ………… 전용 노트에 한다.
- 어떻게? ………… KFC 공식으로 한다.

눈치 빠른 친구들은 앞에서 육하원칙 중 한 가지가 빠진 것을 알아챘나요? 바로 '누가?'입니다. 저널 쓰기를 누가 하면 좋을까요? 공부를 열심히 하는데 시험을 보면 점수가 좋지 않은 친구, 서술형이나 논술에 겁부터 먹는 친구, 학원을 오래 다녔는데 성적이 그대로인 친구, 혼자서 공부하는 게 힘든 친구, 책을 많이 읽는데도 돌아서면 잊어버리는 친구, 말하는 데는 문제 없는데 글쓰기 앞에서는 쩔쩔매는 친구, 매사에 주눅 들고 자존감이 약한 친구, 발표를 잘하지 못해서 진땀 흘린 경험 있는 친구, 친구 문제로 항상 고민이 많은 친구… 즉, 이 책을 읽는 여러분 모두에게 해당합니다. 과연 저널 쓰기로 이런 것까지 고칠 수 있을까 하는 의심이 들더라도, 선생님을 믿고 KFC 공식으로 저널 쓰기 연습을 꼭 시작해보세요.

노력은 갈수록 줄고, 효과는 갈수록 늘고

막상 KFC 공식을 사용해 저널 쓰기를 했더니 10분은커녕 30분이 지나도 정리가 안 될 수 있어요. 그럴 때는 '선생님이 매일 하루에 10분만 하면 된다고 하더니 다 거짓말이었나' 하는 불만의 목소리가 나오겠죠. 스마트폰의 지도 앱이 목적지까지 5분이 걸린다고 안내해도 처음 가는 장소라면 '이 골목에서 꺾어져야 하나' 헷갈려서 멈춰서서 다시 지도를 보고 다시 전진하고 하다 보면 시간이 더 걸리게 마련입니다. 글쓰기도 마찬가지예요. 익숙한 사람이 보기에 10분짜리 글도 처음 시작할 때는 30분이 넘게 걸릴지도 몰라요. 하지만 연습할수록 능숙해지고, 그러다 어느 순간에 10분 안에 막힘없이 술술 쓰게 될 거예요.

그때가 되면 다시 새로운 고민이 시작됩니다. 문해력을 키우고 공부머리 만드는 연습이 겨우 하루 10분으로 가능할까? 결론부터 말하면, 가능합니다. 하루에 단 10분이면 됩니다. 여기서 중요한 것은 '매일' 꾸준히 해야 한다는 점이에요. 눈덩이 효과라는 말이 있어요. 언덕 위에서 주먹만 한 눈덩이를 굴리면 언덕을 내려오는 동안 계속 뭉쳐져요. 그래서 나중에는 어마어마한 크기의 눈덩이가 되죠. 돈을 은행에 맡길 때도 눈덩이 효과가 적용돼요. 내가 저금한 돈에 이자가 붙고, 이 둘을 합친 금액을 기준으로 또 이자가 붙어요. 그리고 일정 기간이 지나면 다시 이자 붙은 금액을 기준으로 해서 이자가 붙어요. 이것을 복리의 법칙이라고 해요. 하루 10분씩 저널 쓰기를 매일 하면 복리의 법칙이 작동하는데, 매일 한 번씩 더하면 1년이면 38배, 3년을 계속하면 5만 3,000배 더한 효과가 된답니다. 하루 10분 저널 쓰기가 어마어마한 차이를 가져오죠?

공부할 마음이 안 생길 때
공부 감정 조절하는 저널 쓰기

"공부할 마음이 안 생겨요."

"공부를 무슨 마음으로 하니, 머리로 하지."

엄마와 아이가 이렇게 주고받는 대화를 들었어요. 그런데 여러분도 아이의 말에 공감하지 않나요? 공부할 마음이 생기지 않아 공부가 안 된다는 말은 틀린 말이 아니에요. 감정이 우리 행동을 지배하거든요.

2021년 미국 컬럼비아대학교 공중보건대와 텍사스대학교, 암스테르담 자유대학교 합동연구팀이 교육적 성취에서 인지능력만이 아니라 비인지 기술도 매우 중요하다는 사실을 밝혀냈어요. 교육

성취도에 관한 총 유전적 영향에서 인지능력이 43%인 데 반해 비인지 기술은 57%나 된다고 했어요. 비인지 기술이란 감정조절 능력, 소통 능력, 자기 통제력 같은 것을 말해요. 마음이 움직여야 머리도 몸도 움직이는 게 맞아요. 마음속이 불안, 두려움, 스트레스로 가득 차 큼직한 바위 같다면 머리도 몸도 꿈쩍할 수 없어요. 공부도 되지 않죠. 공부머리를 발휘하려면 공부에 관한 감정부터 조절해야 해요. 머릿속에서 불안, 스트레스, 긴장을 비워내고 공부에만 사용하는 지혜가 필요합니다.

유명한 심리학자이자 하버드대학교에서 가르치는 대니얼 골먼 교수님은 누군가의 능력을 평가할 때 얼마나 영리한가 혹은 전문 지식이 얼마나 많은가 하는 것뿐만 아니라, 나와 상대방의 감정을 얼마나 잘 조율할 수 있느냐는 새로운 척도가 중요하게 작용한다고 말했어요. 성공이 20% 지적 능력과 80% 감성지능으로 결정된다고 주장했는데, 한마디로 감정 조절 능력이 성공을 좌우한다는 것이죠. 그러니, 공부할 마음이 생기지 않아 공부가 안 된다는 여러분의 말은 변명이 아니라 사실에요. 그래도 여러분은 학생이니 공부할 마음이 생길 때까지 공부를 중단할 수는 없잖아요? 공부를 해야 할 때, 공부할 마음이 생기게 하는 비결이 바로 KFC 공식으로 저널을 써보는 거예요. 전문가들이 한 여러 연구가 저널 쓰기가 공부 감정을 조절하는 데 특효라고 증명하고 있어요. 매일 하는 저널 쓰기는 감정 기복을 다스리고 공부 스트레스를 줄여주며, 주의 집중력을 키우는 데도 큰 도움이 돼요. 어떤 연구에서는 감정을 잘 처리하고 상황에 맞게 표현하는 학생일수록 선생님이나 친구들과의 의사소통이 뛰어나지만, 반대로 감정의 기복이 있는 학생은 사회성, 정보를 받아들이는 능력, 문제해결 능력 모두 낮게 나타났어요. 감정 조절 능력은 공부에 필요한 인지 능력과 대인 관계 모두에 영향을 끼칠 정도로 중요하다는 거죠.

노스캐롤라이나 주립대의 심리학자 키티 클레인은 대학생들에게 2주 동안 하루에 20분씩 요즘 가장 고민인 것들을 적어보도록 했어요. 단순히 사건을 나열하는 것이 아니라 그 일이 '왜' 발생했는지, 원인과 결과가 무엇인지, 어떻게 풀어나갈 수 있을지에 관해 자세하게 서술하도록 했어요. 또 다른 학생들에게는 단순히 일어난 사건을 나열하도록 했는데, 이 두 그룹이 큰 차이가 발생했어요. 자신에게 일어난 일을 논리적으로 정리해본 학생들은 그렇지 않은 학생들에 비해 스트레스가 감소했다고 합니다.

공부할 마음이 생기지 않는다면 먼저 KFC로 글을 써봐요. 놀랍게도 그런 마음이 정리될 거예요.

저널 쓰기로 키운 10대 자존감,
평생을 좌우한다

   미국의 한 학교에서 7학년, 그러니까 우리나라로 치면 중학교 1학년을 대상으로 실험했어요. 학생들을 두 그룹으로 나누어 15분간 글쓰기를 시켰어요. A그룹에는 아이들이 가치 있게 여길 만한 것들이 주제로 주어졌어요. 친구 및 가족과의 관계, 종교, 음악, 정치 등의 목록을 주고 자신에게 가장 중요한 두세 가지를 택하게 한 다음 그것이 왜 중요한지 쓰게 한 것이 전부예요. B그룹의 학생들에게는 아침 일과 같은 평범한 주제로 쓰게 하거나 그다지 중요하지 않은 가치에 관해 쓰게 했어요. 실험은 이게 전부였어요. 공부 습관을 개선하거나 수학 또는 읽기 요령을 가르쳐주는 어떤 시도도 없었다고 해요. 그 결과가 무척이나 놀랍습니다. 자기 가치를 확인하는 쓰기 활동을 한 A그룹 학생들의 성적이 B그룹 아이들보다 월등히 높아졌다고 해요. 어떤 이유로 이런 기적 같은 일이 일어났을까요?

자존감 키우는 저널 쓰기

자신에게 중요한 가치에 관해 쓰는 것은 '스스로를 유능하고 도덕적인 사람으로 여기는 마음', 즉 자기 존중감을 확인하는 것이라고 해요. 중요하게 여기는 가치에 관해 단지 쓰는 것만으로도 자존감이 발동한다는 것이지요. 이런 내용에 관해 자주 쓰면 자존감이 더욱 탄탄해지겠죠? 자, 그러면 우리도 해볼까요? 하루 10분 저널 쓰기로 자존감을 탄탄하게 만들어봅시다!

여러분은 무엇을 좋아하나요? 그것을 왜 좋아하나요? 이런 주제로 저널을 써봐요. 존경하는 사람에 관해서 쓰면 어떨까요? 왜 그 사람을 존경하는지 이유를 생각해봐요. 좋아하는 사람에 관해, 좋아하는 음식에 관해, 좋아하는 시간에 관해, 좋아하는 장소에 관해 써봐요. 그 이유도 반드시 써야겠죠? 반대로 싫어하는 것들에 관해서도 한번 써봐요. 이렇게 자신에 관해, 자신이 중요하게 여기는 것에 관해, 좋아하거나 싫어하는 것에 관해, 구체적으로 관찰하고 저널로 쓰다 보면 성찰 능력이 길러져요. 대학 입시나 취업 준비에 필요한 자기소개서를 쓸 때도 큰 도움이 됩니다.

자신감을 키우는 저널 쓰기, 이렇게 해봐요.

---

1. 좋아하는 것을 전부 떠올려 하나하나 노트에 쓴다.

   좋아하는 것 공통점이 무엇인가?

2. 싫어하는 것을 전부 떠올려 하나하나 노트에 쓴다.

   싫어하는 것 공통점이 무엇인가?

3. 학교나 학원에서 좋아하는 친구, 싫어하는 친구가 누구인지 생각해본

   다. 그 이유를 떠올려본다.

4. 좋아하는 것과 싫어하는 것에 관해 저널을 쓴다.

이렇게 저널을 쓰면 자신이 좋아하는 것과 싫어하는 것을 파악할 수 있게 되고, 자신을 잘 알게 되면서 가능성과 주의할 것을 염두에 두게 됩니다. 물론 여러분은 아직 10대라서 취향이나 성향이 바뀔 수 있어요. 그러니 이 주제의 저널은 자주 쓰면서 변화를 확인하면 좋겠습니다.

공부머리 만드는 골든타임은
바로 지금입니다

"고마워요, 엄마. 읽고 쓰고 생각하기를 가르쳐주셔서."

-아들의 인사

코치 선생님에게는 아들이 있어요. 아들은 엄마의 조언을 받아 중학교 1학년 여름방학에 저널 쓰기를 시작해서 고3 수능 시험 직전까지 매일 썼어요. 조건은 아주 간단했어요. '매일 블로그에 20줄 이상 글쓰기.' 선생님이 아들에게 이런 방식의 교육을 한 것은 세계 최고의 명문대학 중 하나인 하버드대학교가 학생들에게 4년 내내 글쓰기를 하게 한다는 것을 알게 되었기 때문이에요. 아들이 다른 것을 제쳐두고 읽고 쓰는 능력을 기르면 사고력이 길러질 테고, 그러면 세계 최고 명문대 학생들과 비슷한 수준이 될 것이라는 게 당시 코치 선생님의 야심이었어요. 그리고 그 최종 목표는 단순히 명문대 입학이 아닌, 기본기를 바탕으로 한 자존감이었어요. 결과가 궁금하죠?

아들은 일찌감치 자기 재능을 찾았고 그 능력으로 좋아하는 분야에 취업했어요. 취업 2년 만에 세계적인 게임회사에 경력직으로 입사가 정해져 어려서부터 죽자고 좋아한 게임을 마음껏 하며 돈도 벌고 있죠. 아들이 출국하던 날, 선생님에게 이렇게 말했어요.

"고마워요, 엄마. 다 '저널 쓰기' 덕분이에요."

앞서 말했듯이 저널 쓰기는 선생님이 지도해주거나 검사하는 과정이 없어요. 그러니 선생님은 아들에게 어떤 교육도 한 적이 없어요. 오로지 블로그에 올라온 글을 읽고 댓글로 응원해준 것밖에 없죠. 이 과정에서 선생님이 느낀 것은, 하루 10분이라도 글을 쓰면 생각을 정리하는 동시에 한 가지 생각에 집중적으로 파고들 수 있어서 사고력을 극대화할 수 있다는 것이에요.

하루 10분으로 융합사고력 키우기

'고등학교 내신에서 서술형 평가가 확대된다.'
'초중고 수학 서술형 평가 확대된다.'

'문해력이 가장 중요하다.'

'수학학원에서 글쓰기를 더 많이 한다.'

이런 말을 앞세운 광고를 많이 접합니다. 심지어 '중학교 성적 70%는 글쓰기 실력이다'라는 광고도 봤어요. 사교육이 이런 식으로 방향을 바꾼 것은 우리나라의 교육 목표가 '학생들이 당면한 문제를 창의적으로 해결하도록 생각의 힘을 키우게 한다'는 것으로 바뀌었기 때문이에요.

공부를 하든, 일상생활을 하든, 사는 것은 크고 작은, 그리고 아주 고약한 문제들을 해결하는 과정이에요. 그래서 학교들은 초등학교 때부터 대학을 졸업할 때까지 학생들이 문제해결 능력 키우게 하는 것이 목표예요.

문제해결 능력은 문해력이라는 토대에서만 가능한 능력입니다. 상황을 파악하고, 상황에 맞는 자료를 모으고, 자료들을 해석하고, 분석하고 연결해 해결책을 만들어내는 것이 문제해결 과정이며, 이 모든 과정에서 문해력은 필수로 요구되는 기능이에요.

미래에는 현재의 우리가 전혀 예상할 수 없는 다양한 문제들이 벌어질 거예요. 그래서 어떤 특수한 상황에 맞닥뜨리더라도 알고 있는 지식을 동원해 문제를 해결할 수 있는 창의적인 인재가 필요합니다. 이뿐만 아닙니다. 문해력은 또한 말을 배우고 의미를 알고 표현하면서 자유롭고 독립적인 한 인간으로 우뚝 서는 힘이기도 해요.

코이라는 물고기는 작은 어항 속에서는 10cm를 넘지 않지만 수족관에서는 30cm까지, 그리고 강물에서는 1m가 넘게 자란다고 해요. 문해력도 마찬가지입니다. 그저 읽고 쓸 줄만 알아도 살아가는 데 큰 불편은 없습니다. 하지만 잘 읽고, 잘 생각하고, 잘 쓸 수 있다면 훨씬 더 풍성한 삶을 살 수 있습니다. 이 책이 여러분을 1m가 넘는 코이로 자라게 해줄 발판이 되어주길 바랍니다. 선생님은 여러분을 응원합니다. 나중에 여러분이 어른이 되어 호호백발 할머니가 된 선생님과 만나주겠어요? 10대에 문해력을 키운 여러분이 드넓은 바다에서 얼마나 큰 물고기로 자랐는지 보고 싶네요. 그때 우리 꼭 다시 만나요.